城市轨道交通安装工程
——安全文明施工管理要点图解

中国中铁电气化局集团有限公司　编

西南交通大学出版社
·成 都·

图书在版编目（CIP）数据

城市轨道交通安装工程安全文明施工管理要点图解 / 中国中铁电气化局集团有限公司编. —成都：西南交通大学出版社，2019.5

ISBN 978-7-5643-6841-8

Ⅰ. ①城… Ⅱ. ①中… Ⅲ. ①城市铁路－轨道交通－工程施工－施工管理－安全管理－图解 Ⅳ. ①U239.5-64

中国版本图书馆 CIP 数据核字（2019）第 077278 号

城市轨道交通安装工程安全文明施工管理要点图解
中国中铁电气化局集团有限公司　编

责任编辑　姜锡伟
封面设计　何东琳设计工作室
出版发行　西南交通大学出版社
（四川省成都市金牛区二环路北一段 111 号
西南交通大学创新大厦 21 楼）
发行部电话　028-87600564　028-87600533
邮政编码　610031
网址　http://www.xnjdcbs.com
印刷　四川煤田地质制图印刷厂
成品尺寸　146 mm × 208 mm
印张　5.25
字数　130 千
版次　2019 年 5 月第 1 版
印次　2019 年 5 月第 1 次
书号　ISBN 978-7-5643-6841-8
定价　30.00 元

编写人员名单

主编单位　中国中铁电气化局集团有限公司

参编单位　中国中铁电气化局集团有限公司城铁公司

主　　任　韦　国　李爱敏

编　　委　靳富群　李　磊　罗　兵　吴军庄

　　　　　郭润桥　李新潮　张　斌　封书贞

主　　编　李　昊　李建骥

编写人员　李红超　肖晥鑫　赵　凯　马建红

　　　　　胡立松　胡长松　辛　瑜　孙效勇

　　　　　王　勇　王艳卿　张　建　蒋淮申

　　　　　张　怡

序言 PREFACE

国家和社会的根本利益是人民群众的生命和财产安全，这就意味着，在谋求社会进步、国力增强的同时，必须保证广大人民群众在劳动时处于安全和健康的工作环境中。因此，安全生产是一个企业不断进步的基本准则，也是保证企业获得较高社会地位及人民认可的必经之路，是党和国家对企业最根本的要求。

当前，我国正处在大规模经济建设和城市化加速发展的重要时期，为解决城市地面空间不足以及交通拥堵的问题，城市轨道交通建设规模正逐年增大。而城市轨道交通系统是一个庞大复杂的系统工程，交叉作业频繁，施工人员众多，安全风险极大。鉴于此，新《中华人民共和国安全生产法》首次将城市轨道交通列为高危行业之一，凸显了国家和社会对安全生产的日益重视。因此，如何保证城市轨道交通安装工程的安全生产，避免或减少安全事故的发生，保护从业人员的安全和健康，是当前城市轨道交通建设亟待解决的重要问题。

从我国城市轨道交通安装工程安全事故起因来看，从业人员缺乏系统的城市轨道交通安装工程安全技术与管理基础知识、必要的安全防范意识以及应急救援能力，是造成城市轨道交通安装工程事故的主要原因。因此，系统地总结出一套科学合理、通俗易懂的城市轨道交通安装工程安全文明施工管理要点势在必行。为促进城市轨道交通安装工程从业人员对国家、行业标准及施工规范的学习与掌握，提升从业人员的安全防范意识以及应急救援能力，中铁电气化局集团有限公司在系统、全面、深入总结以往城市轨道交通站后安装工程安全文明施工管理成功经验的基础上组织编写了此《城市轨道交通安装工程安全文明施工管理要点图解》(以下简称《图解》)。

该《图解》的基本思路是针对我国城市轨道交通安装工程项目的安全生产现状，在最新的城市轨道交通安装工程领域的安全生产法律、法规、标准及规范的指导下，结合中国中铁电气化局集团有限公司多年来在城市轨道交通站后安装工程施工领域所总结的经验和成果，将城市轨道交通安装工程的安全生产施工要求通过文字与图解结合的形式展现出来。该《图解》旨在进一步规范和指导城市轨道交通安装工程安全文明施工管理工作，并促进同行业及相关行业之间的交流与学习，从而共同提升企业安全文明施工管理水平，有效防范安全生产事故的发生。

该《图解》结合城市轨道交通安装工程的特点，涵盖从业人员所应具备的技术层面及安全意识层面知识，给学习者提供了全面系统的城市轨道交通安装工程安全专业知识。可以预见，该《图解》将对提升城市轨道交通安装工程从业人员的安全意识及专业素质起到积极的推动作用。

中国中铁电气化局集团有限公司

总经理

前言 FOREWORD

伴随着时代的发展、社会的进步，城市交通拥堵问题一直是困扰并制约城市发展的一大难题。为了适应城市交通发展的需要，加速构建高效、便捷、绿色的公共交通出行环境，全国各地城市轨道交通项目规划、实施的步伐不断加快，开创了一个前景广阔、大有作为的城市轨道交通建设市场。

城市轨道交通工程作为一个集地上、地下，桥梁、隧道，土建及设备安装于一体的综合性建设工程项目，具有作业战线长、专业种类多、技术难度大、施工作业环境复杂多变、各种危险有害因素较为集中等特点，所以在项目实施过程中存在较大安全管控风险，也是各类安全生产事故多发的行业。为有效防范安全生产事故的发生，各参建施工企业始终在不断探索和总结着自己更加科学、高效的安全文明施工管理模式和方法，并取得了长足的发展和进步。

在城市轨道交通建设工程项目实施过程中，为了有效管控安全风险，切实防范安全生产事故，并不断提升企业安全文明施工管理水平和形象，中铁电气化局集团有限公司城铁公司各级各部门坚持以国家、行业及地方法律法规、标准规范为基本依据，结合建设工程项目及企业安全管理的自身特点，通过强化管理、落实责任、促进创新等手段，不断优化、提升企业安全文明施工管理水平。在全体从业人员的共同参与和努力下，公司逐步探索、总结出了一套具有行业特点、企业特色的安全文明施工管理模式和标准，并得到了建设单位、监理单位及建设主管部门的广泛好评。

本书由中国中铁电气化局集团有限公司组织编写，中国中铁电气化局集团有限公司城铁公司参与编写。本书旨在通过全面、系统地梳理和总结中铁电气化局集团有限公司城铁公司在城市轨道交通站后安装工程安全文明施工管理过程中的丰富经验和管理成果，通过插图与文字说明相结合的形式图解、说明建设工程施工企业及建设工程项目安全文明施工管理的基本要求、核心内容及技术要点，用以进一步规范和指导企业安全文明施工管理工作，并促进同行业及相关行业之间的交流与学习，从而共同提升企业安全文明施工管理水平，有效防范安全生产事故的发生。

在本书的编写过程中，我们得到了中铁电气化局集团有限公司各级领导的大力支持和悉心指导。所属各分公司、各项目安质部相关人员广泛参与和支持，共同为该书素材的搜集与整理、内容的编写及校核等工作付出了自己的努力，做出了自己的贡献。在此，我们表示衷心感谢！与此同时，由于所涉及的安全管理内容和专业技术较为广泛，加之编者水平有限，本书难免存在疏漏之处，敬请广大读者批评指正，以便我们及时予以修正和改进。

编　者

2019 年 2 月

目录 CONTENTS

第 1 篇 通用安全文明施工管理要点图解

第 2 篇 专业工程安全技术要点图解

第1篇

通用安全文明施工管理要点图解

1.1　安全生产责任体系

1.1.1　安全生产目标管理

说明：

① 企业应根据法律法规要求，结合自身实际情况，制定年度安全生产管理目标、职业健康管理目标和环境保护目标。

② 建设工程项目部应按照合同条款，结合企业目标和工程实际情况制定项目安全生产管理目标、职业健康目标和环境目标，各类管理目标按要求发布并上墙公示。

③ 建设工程项目部的各类管理目标应按部门职能进行指标量化分解，确保分解指标责任到部门，责任到人。

④ 建设工程项目部应制定各类目标的考核制度，并严格参照执行，确保目标的顺利实现。

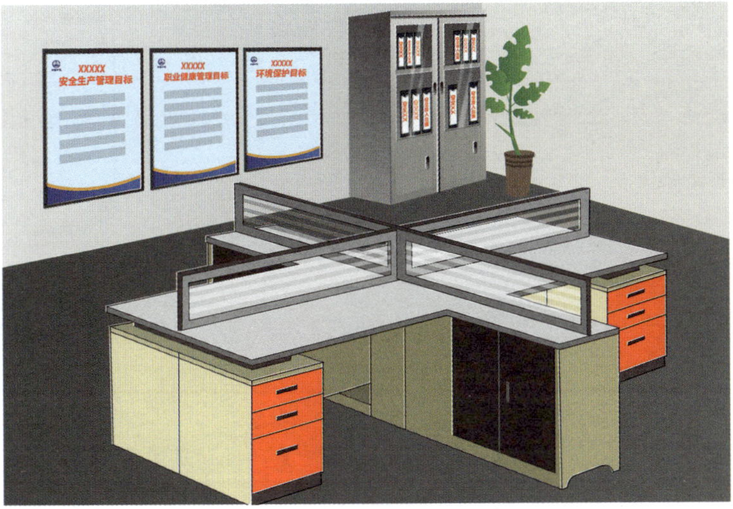

1.1.2 安全生产管理机构设置

说明：

① 施工单位应按照国家相关法律法规及《建筑施工企业安全生产管理机构设置及专职安全生产管理人员配备办法》要求成立安全生产领导小组、建立安全生产管理机构，并足额配备专职安全管理人员。

② 施工单位主要负责人、项目负责人、专职安全生产管理人员应在建设行政主管部门或者其他有关部门考核合格，取得相应的安全A、B、C类证书后方可任职。

③ 安全生产领导小组、安全生产管理机构及专职安全管理人员应按规定认真开展各项工作，落实岗位职责。

④ 总承包单位应监督分包单位按要求配备专职安全生产管理人员，并监督检查工作落实情况。

1.1.3　安全生产责任制落实

说明：

①、项目经理是建设工程项目安全质量环保管理的第一责任人，对工程项目安全质量环保管理负总责，应从体系、投入、人员、设备等方面予以保证。

② 安全生产，人人有责，每个从业人员必须自觉履行安全生产职责，提高自我安全意识和防范能力，互相监督、协作，密切配合。

③ 各级、各部门从业人员应分级签订“安全生产责任书”，每位从业人员的安全生产行为应对部门及部门负责人负责。

④ 在项目实施过程中，各部门应严格落实安全生产责任制考核及奖惩制度，确保将安全生产责任落到实处。

1.1.4 安全规章制度编制与落实

说明：

① 工程项目部应根据国家、地方、行业法律法规、标准规范要求，结合项目安全生产管理实际需要建立健全各项安全生产规章制度，按照规定履行审核、批准手续，并以正式文件下发实施。

② 工程项目部安全管理规章制度应包括但不限于：《安全生产责任制》《安全教育培训制度》《安全技术交底制度》《安全检查制度》《安全生产奖惩制度》《相关方安全管理制度》等。

③ 各项安全管理制度应按规定程序予以发布，并组织相关从业人员进行培训学习并监督落实。

1.2　安全生产费用管理

说明：

① 建设工程项目部每年应按照《**企业安全生产费用提取和使用管理办法**》的相关规定，结合年度生产计划，由生产、安全、财务、工经等部门共同参与编制安全文明施工措施费使用计划。

② 建设工程项目以建筑安装工程造价为安全生产费用计提依据，其中城市轨道交通工程以建筑安装工程造价的 2% 进行提取。

③ 项目经理应保证安全生产费用的充足、有效投入，负责审批本项目部年度安全生产费用投入计划。

④ 安质环保部对安全生产费用的提取、管理、使用进行监督检查。

⑤ 项目部财务部负责安全生产费用核算，设立专项资金和账户，专款专用，并建立完整的安全投入台账。

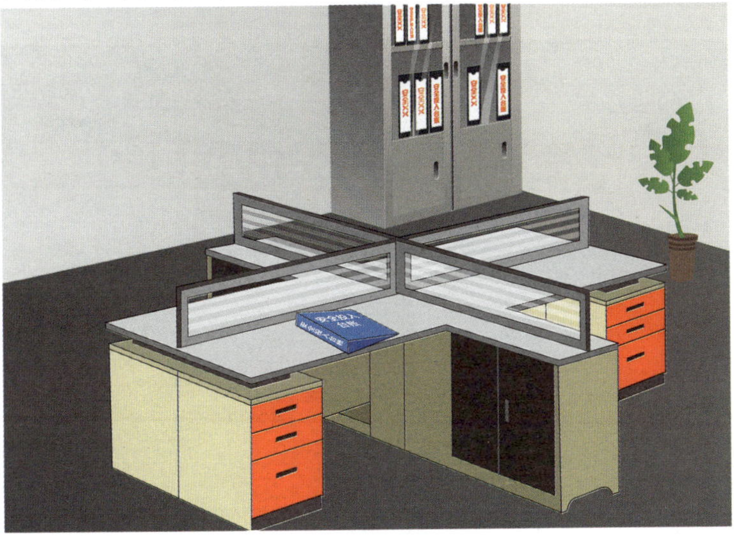

1.3 危险源辨识与风险评估

说明：

① 建设工程项目实施前及实施过程中，项目部技术负责人应组织工程技术、安质、施工等相关部门人员开展危险源辨识与风险评价工作，并制定针对性的安全技术、管理措施。

② 工程项目部对辨识评价出的重大危险源应登记建档，开展定期检测、评估、监控工作，并制订应急预案，告知从业人员紧急情况下应采取的应急措施。

③ 项目部应按照国家有关规定将本单位重大危险源及有关安全措施、应急措施报有关人民政府安全生产监督管理部门和有关部门备案。

④ 施工现场（驻地）应设置建设工程重大危险源公示牌，对危险源种类、状态、存在部位、管控措施、责任人等信息进行公示。

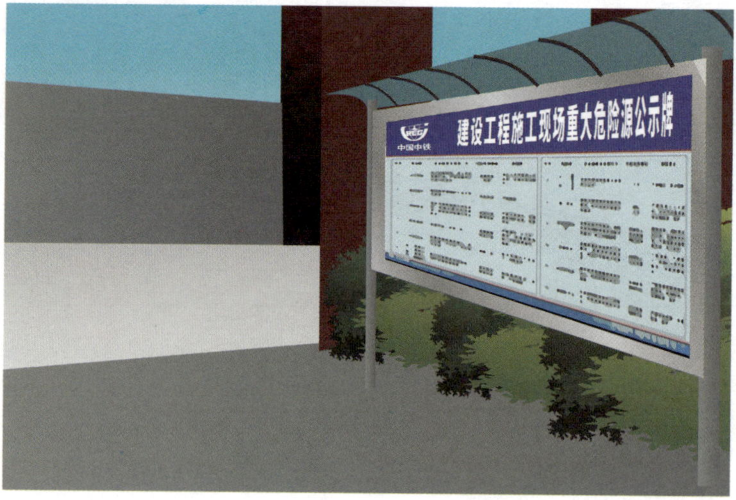

1.4　安全技术管理和培训

1.4.1　施工组织设计

说明：

① 建设工程项目部应按照国家法律、法规、技术标准和规范要求，结合审核通过的施工图、施工合同、技术协议、现场调查结果等，组织编制施工组织设计。

② 施工组织设计编制完成后按照规定组织评审，并履行相应的审核、审批手续。

③ 施工组织设计中的进度计划应合理，不得盲目压缩工期。

④ 施工组织设计应制定全面的、针对性的安全技术措施。

⑤ 施工组织设计中禁止使用国家明令淘汰或禁止使用的工艺、产品。拟采用无现行工程建设强制标准的新技术、新工艺、新材料组织施工的，应进行技术论证。

1.4.2 专项方案编制与学习

说明：

① 施工单位应针对危险性较大的分部分项工程编制专项施工方案，制定专项安全技术措施。

② 专项施工方案应严格按照住房和城乡建设部《危险性较大的分部分项工程安全管理规定》的相关规定落实审核、审批手续。超过一定规模的危险性较大的分部分项工程，施工单位应组织专家论证。

③ 专项施工方案被批准后，工程技术人员应组织相关人员对专项方案的内容进行学习，并组织专项安全技术交底，形成学习、交底记录并归档保存。

④ 负责方案编制的技术人员应现场指导专项施工方案的实施，专职安全管理人员进行过程监督和检查，确保施工安全。

1.4.3 安全教育培训

说明：

① 建设工程项目部必须严格按照国家相关的法律法规和项目部《安全教育培训制度》的相关要求认真开展员工安全教育培训工作。

② 项目部所有进场从业人员必须接受岗前三级安全教育培训，建立安全教育培训卡，要坚决杜绝未经安全教育培训并考核合格的人员进场作业。

③ 安全教育必须做到全面、全员、全过程地覆盖所有人员，贯穿于施工生产的各个阶段和方面，不得留有死角。项目部全体人员都应自觉接受安全教育培训。

④ 安全教育培训资料应完整齐全、真实有效，并由安质部统一归档保存。

1.4.4 安全技术交底

说明：

① 项目部安全技术交底应依据国家有关法律法规和有关标准、工程设计文件、施工组织设计和安全技术规划、专项施工方案和安全技术措施等安全技术管理文件要求组织进行。

② 工程项目开工前应由项目总工程师、工程技术人员分级对相应的从业人员开展针对性的安全技术交底工作。

③ 安全技术交底的内容应针对施工过程中存在的危险因素展开，明确安全技术措施、作业程序、应急措施等内容。对于机械设备及设施安装拆卸等危险性大的施工作业，施工单位应编制施工方案并单独进行安全技术交底。

④ 安全技术交底应分级组织进行，交底人和被交底人员应在安全技术交底文件上签字确认，并统一由工程技术部归档、保存。

1.4.5　班前安全活动

说明：

① 施工单位应制定班前安全活动制度，并严格组织实施。

② 班组每天进场施工作业前，班组长应组织班前安全早点名，检查确认班组从业人员及工机具安全状态。

③ 班前安全早点名应重点讲解施工作业过程中存在的危险有害因素，以及针对危险有害因素应采取的安全技术、管理措施。

④ 进入施工现场后，班组长应组织对施工现场进行安全巡查，确认现场安全状况，落实安全技术措施后方可开始作业。

⑤ 班组长应按照公司统一要求和格式，如实填写班前安全活动记录，并统一归档保存。

1.5 安全检查

说明：

① 建设工程项目实施过程中，项目部各责任部门应按照《安全检查制度》的相关规定开展定期、日常、专项、季节性的安全检查等工作。

② 对检查中发现的一般安全文明施工问题、安全事故隐患，项目部应及时下发整改通知书，并按照“五定”的原则落实整改措施，针对重大安全隐患应立即下达停工指令，待隐患消除或得到控制后方可继续作业。

③ 现场安全文明施工问题、安全事故隐患整改完成后，相关责任部门应在规定期限内将整改落实情况回复到安全生产管理部门。安全生产管理部门应及时安排人员进行查验，确保问题得到有效整改，坚持做到闭环管理。

④ 安全检查记录必须真实、完整、及时有效，并统一归档保存。

1.6　文明施工管理

1.6.1　文明施工方案

说明：

① 施工单位应根据国家、行业、地方法律法规、标准规范要求，结合在建工程项目特点，编制项目文明施工方案。

② 文明施工方案应明确管理目标和相应的技术、管理措施。

③ 文明施工方案应包括节地、节能、节水、节材、环保、水土保持和场地封闭、临时设施、公共安全与职业健康卫生等基本内容。

④ 文明施工方案经编制、审核、批准后，项目部应组织各级从业人员对方案相关内容进行学习，并形成记录。

⑤ 项目实施过程中，项目部应定期组织人员对现场文明施工情况进行检查，确保文明施工方案的有效落实。

1.6.2 现场围挡

说明：

① 建设工程施工现场及项目驻地围挡要连续、封闭设置，面临主要干道的围挡高度不应低于2.5 m，一般道路不低于1.8 m。

② 施工现场围挡安装、设置要牢固、可靠，平整、美观。

③ 施工现场围挡材料宜选用轻质、坚固、定型化的材料进行制作。

④ 现场围挡上应设置统一的企业标识，宣传标语、宣传图片等内容应符合行业、企业标准，并展现时代主题和特色。

⑤ 围挡应经常进行清洁和维护，确保整洁、稳固。

1.6.3　封闭管理

说明：

① 建设工程施工现场及项目驻地进出口位置应按照公司统一要求，结合现场环境特点，设置施工现场（项目驻地）大门。

② 大门处应设置统一的企业标志、企业名称及项目部名称等内容。大门处应设置门卫，对出入人员、车辆、设备进行登记。

③ 施工现场及项目驻地大门、围墙、围挡应连续设置，沿道路外侧的围墙、围挡处应设置防撞墩、反光条、交通警示灯等交通疏导措施。

④ 围挡靠近大门处应按统一样式设置“七牌一图”：工程概况牌、管理人员名单及监督电话牌、安全生产牌、文明施工牌、环境保护牌、消防保卫牌、农民工维权告知牌和施工现场平面布置图。

1.6.4 办公与住宿

说明：

① 现场、驻地搭建宿舍、办公等临时设施应符合结构安全要求，建筑构件的燃烧性能应为 A 级，当使用金属夹心材料时，其夹心材料的燃烧性能等级应为 A 级。

② 施工现场及驻地内使用的装配式活动房屋必须有产品合格证，符合消防技术要求。

③ 现场及驻地办公、生活区与施工、加工区等应采取可靠的安全分割措施。

④ 宿舍、办公室禁止私拉乱接电源线，禁止使用电炉、电热毯等大功率电器设备。

⑤ 从业人员严禁卧床抽烟，烟头应掐灭后放进烟灰缸中，不得随意丢弃。

1.6.7　成品保护

说明：

① 施工单位根据企业统一标准，结合在建工程项目特点，组织制订施工现场成品保护方案，明确成品保护措施和标准。

② 施工现场设备、设施安装就位后，施工单位应设置统一的防尘罩进行保护，防尘罩应具备防火、阻燃、防水性能。

③ 现场安装的桥架、吊架、管道、管线等成品、半成品，施工单位在显眼位置应设置成品保护牌，明确责任单位、责任人、联系电话等内容。

④ 施工作业过程中对现场各单位、专业安装完成的成品、半成品可能造成损坏、污染时，施工单位应采取有效的保护、隔离措施。

1.6.8　安全标志

说明：

① 施工单位应制定、落实安全标识标牌管理制度，并结合现场情况绘制现场安全标志布置图。

② 施工现场（驻地）主要区域、危险有害部位，应按照规定悬挂相应的安全标志。

③ 施工现场应按照施工部位、现场设施、危险有害因素的变化情况，及时调整现场安全标志。

④ 建设工程施工现场采购、使用的安全标志应符合《安全标志及其使用导则》（GB 2894—2008）和《建筑工程施工现场标志设置技术规程》（JGJ 348—2014）的相关规定。

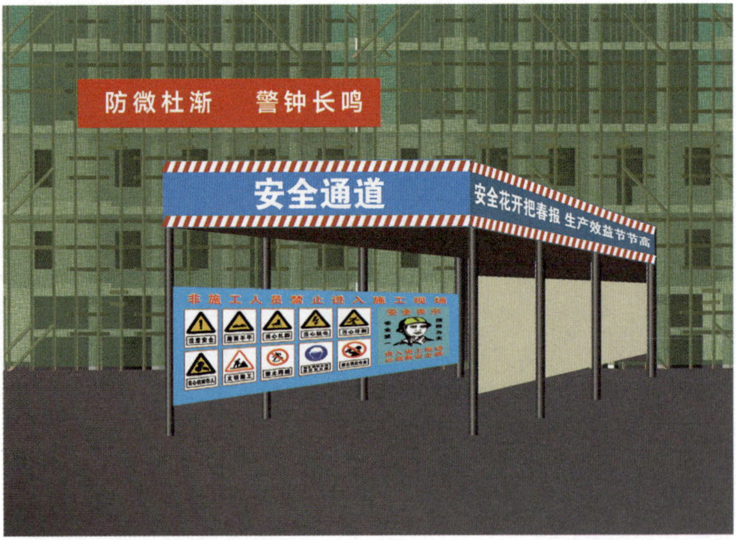

1.6.9　个体防护

（1）普通安全防护用品。

说明：

① 普通安全防护用品是指施工现场为个人提供的一般安全防护用品。

② 施工现场常见普通安全防护用品主要包括工作服、工作鞋、手套、普通口罩、反光防护背心等。

③ 从业人员个体防护用品由企业（项目部）统一选购、发放，不得以财物代替。

④ 施工单位应当建立健全有关劳动防护用品的管理制度，保证从业人员个体防护用品的保质保量按时发放，并建立劳动防护用品发放台账。

（2）特种安全防护用品。

说明：

① 特种安全防护用品是指在劳动作业生产过程中对人体起到特殊保护作用的安全防护用品。

② 特种安全防护用品主要包括头部护具类、呼吸护具类、眼（面）护具类、防护服类、防护鞋类、防坠落护具类。

③ 施工单位应按照《劳动防护用品管理制度》为从业人员采购、发放满足规范要求的特种个体安全防护用品，不得以财物代替。特种安全防护用品的“三证一标识”必须齐全、有效。

④ 施工单位应组织开展从业人员个体防护用品的教育培训工作，并加强日常监督和检查。从业人员对个体防护用品应做到“三会”：会使用、会检查、会保管。

1.6.10　临边防护

说明：

① 高处作业面区域边沿无围护或围护设施高度低于 800 mm 时，施工单位应按照规定设置连续的临边防护设施。

② 当采用防护栏杆时，上杆距离地面高度为 1.0 ~ 1.2 m，下杆距离地面高度为 0.5 ~ 0.6 m，横杆长度大于 2 m 时应加设栏杆立柱，防护栏杆应能承受任何方向的 1 kN 的外力。

③ 防护栏杆立面可采用网板或密目式安全网封闭，栏杆底端应设置高度不低于 180mm 的挡脚板。

④ 临边防护宜采用定型化、工具式的防护设施，以方便安装、拆除。

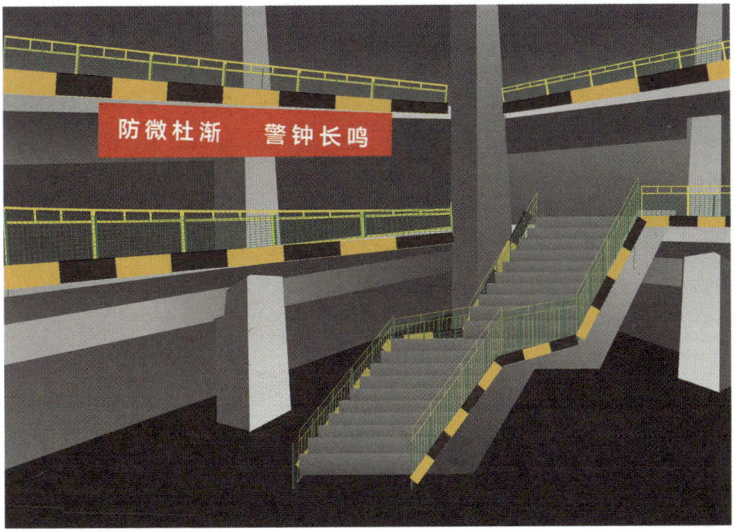

1.6.11 洞口防护

说明：

① 边长或直径为 20 ~ 50 cm 的洞口，可用钢筋混凝土板或固定盖板防护，盖板应能够防止挪动移位。

② 50 ~ 150 cm 的预留洞口，可在浇捣混凝土前用板内钢筋贯穿洞径，不剪断网筋，构成防护网，网格间距以 15 cm 为宜；或者使用扣件扣接钢管形成网络，并在上面铺设竹笆板或金属脚手板。

③ 150 cm 以上的洞口，四周应设两道防护栏杆，护杆高度分别为 60 cm 和 120 cm，洞口下应张设安全平网。

④ 洞口处安全防护栏显眼位置应设置安全警示牌、安全警示标志，并加强维护和管理。

1.6.12　通道口防护

说明：

① 施工现场通道口防护应严密、牢靠。

② 防护棚两侧应采取封闭措施。

③ 防护棚宽度应大于通道宽度，长度应符合《建筑施工高处作业安全技术规范》（JGJ 80—2016）的要求。

④ 当建筑高度超过 24 m 时，通道口防护顶棚应采用双层防护。当采用脚手片时，层间距为 600 mm，铺设方向应互相垂直。

⑤ 通道口防护棚入口处应设置相应的安全警示标志。

1.6.13 基坑防护

说明：

① 基坑临边应按规定设置防护栏杆和安全警示牌，防护栏杆距离基坑边口不应小于 0.5 m，夜间需增设红灯警示。

② 当基坑开挖深度超过 2.0 m 时，施工单位必须在栏杆式防护基础上加设密目安全防护网。

③ 防护栏杆应由上、下两道横杆及栏杆柱组成，上杆离地面高度为 1.0 ~ 1.2 m，下杆离地面高度为 0.5 ~ 0.6 m。立杆间距不宜大于 2.0 m。

④ 栏杆柱的固定及其与上、下横杆的连接，其整体构造及强度应能经受 1 kN 的外力。

1.7 消防安全管理要点

1.7.1 消防管理制度编制与落实

说明：

① 施工单位应针对施工现场可能导致火灾发生的施工作业及其他活动，制定消防安全管理制度，其中应包括下列主要内容：消防安全教育与培训制度，可燃及易燃易爆危险品管理制度，用火、用电、用气管理制度，消防安全检查制度，应急预案演练制度。

② 消防管理制度制定后，各部门应组织从业人员对消防制度进行学习，使其明确消防管理职责，熟知消防安全工作流程。

③ 建设工程项目实施过程中，项目部应定期组织人员对施工现场、项目驻地等存在火灾风险的区域进行检查，确保消防安全管理制度、措施的有效落实。

1.7.2 消防管理机构及人员设置

说明：

① 施工单位应建立健全消防安全管理组织机构。消防安全组织机构图应上墙管理。

② 施工单位主要负责人为本单位（项目部）**消防安全管理第一责任人**，对消防安全管理工作负全面责任，并按要求配备相应的专兼职消防管理人员。

③ 施工单位应根据《建设工程施工现场消防安全技术规范》（GB 50720—2011）的相关规定组建义务消防队，建立微型消防站，负责初期火灾的扑救工作。

④ 施工现场各级负有消防管理职责的从业人员应在各自职责范围内落实消防安全生产管理工作。

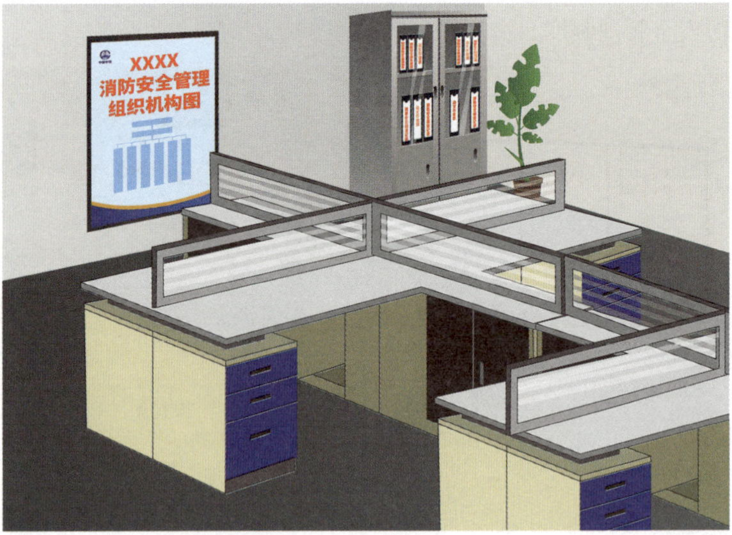

1.7.3　消防平面布置

说明：

① 施工现场（项目驻地）内的临时用房、临时设施的布置应满足现场防火、灭火及人员疏散的要求。

② 施工现场（项目驻地）出入口、消防车道、防火间距、消防设施的设计、施工、管理应满足《建设工程施工现场消防安全技术规范》（GB 50720—2011）的相关规定。

③ 驻地内宿舍、办公用房建筑层数不应超过 3 层，每层建筑面积不应大于 300 m^2。

④ 层数为 3 层或每层建筑面积大于 200 m^2 时，应设置不少于两部疏散楼梯，房间疏散门至最近疏散楼梯的最大距离不应大于 25 m。

⑤ 施工单位应加强现场（项目驻地）消防设施的日常维护与管理，确保疏散通道、安全出口、消防车通道畅通。

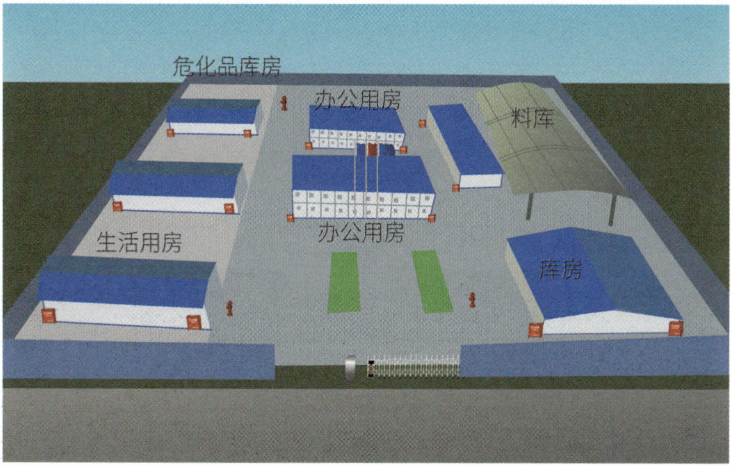

1.7.4 易燃易爆物品管理

说明：

① 施工现场（项目驻地）应独立建造易燃易爆危险品专用库房。

② 易燃易爆危险品专用库房与在建工程的防火间距不应小于 15 m，并按照规范要求与其他建筑、设施保持足够的安全距离。

③ 库房内各种易燃易爆物品应分类存放，保持通风良好，禁止烟火，并设置明显标识。

④ 易燃易爆物品存放区域应配备相应的灭火救援器材（灭火器、防火毯、消防沙等）。

⑤ 易燃易爆物品库房应安排专人管理，定期巡查，并如实填写巡查记录。

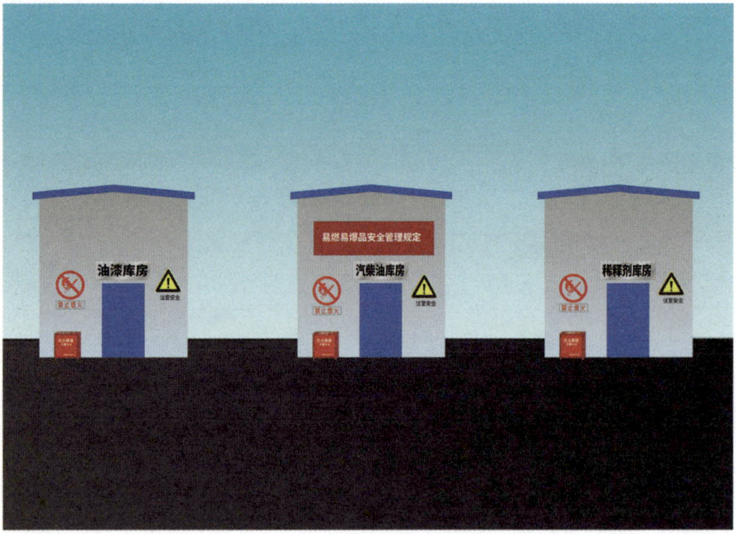

1.7.5　消防设施配置与管理

说明：

① 施工现场（项目驻地）应配置灭火器、临时消防给水系统和临时消防应急照明等临时消防设施。

② 临时消防设施应与在建工程的施工同步设置，以满足现场消防技术要求。

③ 地下工程施工作业人员宜配置防毒面具，并在疏散通道设置明显的疏散指示标识。

④ 对施工现场（项目驻地）内的临时消防设施，项目部应按照划定的责任区域每周检查一次，并如实填写消防检查记录表，对发现的问题及时反馈，及时处置。

④ 施工单位应组织从业人员开展消防安全教育培训和演练，确保从业人员具备正确使用消防设施的和消防应急处置能力。

1.7.6 灭火器配备与管理

说明：

① 施工现场（项目驻地）易燃易爆危险品存放及使用场所，动火作业场所，可燃材料存放、加工及使用场所，厨房操作间、锅炉房、发电机房、变配电房、办公用房、材料、机具临时库房，安装就位的设备机房等其他具有火灾危险的场所应配置灭火器。

② 灭火器的类型应与配备场所可能发生的火灾类型相匹配。灭火器的配置规格与数量应按照《建筑灭火器配置设计规范》（GB 50140—2005）经计算确定，且每个场所的灭火器数量不应少于2具，设备室（机房）等重点消防部位不少于4具。

③ 施工单位应对施工现场及项目驻地的灭火器应进行每月不少于两次的检查并按要求填写检查记录，对灭火器应按照规范要求进行年检、维修和报废处理。

1.7.7　灭火器（干粉）使用方法

说明：

① 发生火灾后，现场从业人员应立即取出灭火器箱中的灭火器，快速跑向着火地点。

② 灭火人员应站在上风侧距着火点 5 m 处，拔掉灭火器保险销，一只手握住喷嘴，另一只手握住压把，使灭火剂喷向着火处，当灭火器无喷管时，一只手握住灭火器瓶体底圈。

③ 扑救火灾时现场人员应沿着火焰根部左右扫射。当扑救流散液体火灾时，灭火人员应从火焰侧面对准火焰根部喷射，并左右扫射。

④ 普通 ABC 类干粉灭火器不能直接朝向人体喷射。

1.7.8 应急照明与疏散

说明：

① 施工现场应按照《建设工程施工现场消防安全技术规范》（GB 50720—2011）要求设置应急照明设施。

② 作业场所应急照明的照度不应低于正常工作所需照度的 90%，疏散通道的照度值不应小于 0.5l x。

③ 临时消防应急照明灯具宜选用自备电源的应急照明灯具，自备电源的连续供电时间不应小于 60 min。

④ 发生火灾后，现场从业人员应沿着现场疏散标志指示方向，向安全出口方向有序疏散，疏散人员应使用湿毛巾捂住口鼻或佩戴防毒面罩，并低身（匍匐）前进。

1.8　常用施工机具安全操作要点

1.8.1　切割机

说明：

① 切割机皮带轮、砂轮片防护罩必须齐全、有效，电气控制、保护装置应运行正常，如有异常不得使用。

② 作业前，操作人员应穿好工作服，戴好口罩、眼镜，避免飞溅物伤人，女工将头发盘起带上工作帽。

③ 切割机火花飞溅方向，应设置防护挡板，切割作业现场不得有易燃易爆物品堆放，并在现场配备灭火器材。

④ 作业人员不得正对切割片操作，以免切割片飞出伤人。切割机切割片应固定平衡、牢靠，切割片不得有缺口、变形、裂纹等现象，切割片磨损量大于原有半径 2/3 时，必须进行更换。

⑤ 现场被切割工件必须固定夹持牢靠。不得同时切割多个工件。

⑥ 禁止将切割机切割片用于工件磨削作业。

1.8.2　电焊机

说明：

① 电焊作业人员必须按照国家有关规定经过专门的安全作业培训，考核合格获得相应的特种作业证书后，方可进行电焊作业。

② 电焊机必须设专用断路保护开关，电焊机控制箱内应安装专用弧焊机保护器。

③ 一次线不得使用插销连接，长度不大于 5 m。焊把线长度不得超过 30 m。焊把线、地线应使用多股铜芯软电缆，并使用专用接头进行可靠电气连接，不得有明显破损。

④ 电焊机移动、检修过程中必须断开电源，焊接过程中不得调节焊接电流。

⑤ 电焊作业时须配备灭火器材，设置专职防护人员，施焊完毕，确认无引火源后方可离开。

1.8.3　台　钻

说明：

① 使用前要检查钻床各防护装置、安全装置齐全、有效。

② 钻头与工件必须装夹紧固，不能用手握住工件，以免钻头旋转引起伤人事故及设备损坏事故。

③ 钻薄板需要加垫木板，钻头快要钻透工件时，要轻施压力，以免折断钻头损坏设备或发生意外事故。

④ 设备使用前，操作人员应检查穿戴，扎紧袖口，女工应将头发盘起带上工作帽。

⑤ 严禁戴手套操作，以免手套被钻床旋转部分绞住，造成事故。

1.8.4 发电机

说明：

① 启动发电机前，操作人员必须确定其功率输出开关打到“关”的位置，切断负载，并检查燃油、润滑油、冷却水是否符合规程、规范要求。

② 使用前，操作人员应对发电机显示仪表、电源输出端子及插座进行检查，确认完好后方可使用。发电机外壳必须可靠接地。

③ 当发电机的一个输出端子供多台用电设备使用时，现场应设置配电箱进行转接和保护。

④ 发电机加油时必须关闭发电机，加完油后油桶应远离发电机排气孔。切勿在加油时抽烟或者在有明火、火花飞溅的位置附近加油。

⑤ 发电机使用现场应配备必要的消防器材。

1.8.5　套丝机

说明：

① 套丝机工作前，操作人员应检查前后卡盘是否灵活，开关、保护装置是否齐全有效。

② 操作人员严禁戴手套作业，女工有长发的应盘在工作帽内。

③ 开车前，操作人员应检查钢管是否夹持牢靠，加工过程中若发现管子夹持不牢，管子打滑应停车，夹紧卡盘施工，严禁边套丝边夹紧。

④ 长管子套丝时，管子尾部应设搁架，防止管子晃动伤人。

⑤ 切断管子时注意用力不要过猛，以免造成管子变形。

⑥ 工作完毕后切断电源，清理铁屑润滑机器。

1.8.6 切管机

说明：

① 切管机操作人员必须熟悉本设备所有按钮、开关功能，本设备适用于切割镀锌钢管、铝/铜管，不得用于切割其他材料。

② 作业前，操作人员应该检查设备及开关是否灵敏、有效，防护装置是否完好，在设备旋转及夹紧装置处适当加注滑润油。

③ 使用过程中，操作人员应注意检查冷却水箱内冷却水是否充足，如不足则及时补足。

④ 将要切割的管材放入夹具内，踏动脚踏开关，夹紧材料，根据材料要求选择转速挡（镀锌管材选择高速挡位，铜/铝管选择低速挡位）。

⑤ 切管机下压速度不宜过快，作业过程中，操作人员要注意夹紧装置是否松动，手不得触摸高速旋转的锯片。

1.8.7　滚槽机

说明：

① 使用滚槽机前，操作人员应首先对设备进行外观和空载试运行检查，未见异常方可使用。

② 加工区域应平整、宽敞，避开人员经常出入、经过的通道、过道等区域。

③ 现场将需加工沟槽的钢管水平架设在滚槽机和滚槽机尾架上，钢管两侧禁止人员停留，以防管道滚落伤人。

④ 将钢管端面与滚槽机止面贴紧，使钢管中轴线与滚槽机止面呈 90°，缓缓压下千斤顶使压轮贴紧钢管，加工中不得用力过猛。

⑤ 完成加工后，操作人员应及时断开设备电源，将现场管道堆放在安全区域，并采取防滚落措施。

1.8.8 折方机

说明：

① 施工现场折方机应在地面或专用基础上安装固定牢靠。

② 使用前，操作人员应确保离合器、连杆等部件动作灵活，并通过空负荷运转，在机械运转符合使用要求后方可使用。

③ 加工板长超过 1 m 时，应当由 2 人以上进行作业，以保证折方的质量和安全。

④ 折方时，操作人员要密切配合，并与设备保持安全距离，防止钢板碰伤。

1.8.9 手持电动工机具

说明：

① 一般作业环境可以使用Ⅰ类电动工机具，在金属构架、管道等导电性较强的场地上作业时应使用Ⅱ类电动工机具，特别危险环境应使用Ⅲ类电动工机具。使用Ⅰ类工作应带绝缘手套、穿绝缘鞋。

② 手持电动工机具必须通过独立的开关箱进行控制，开关箱内应设置断路器、漏电保护器，Ⅰ类电动工机具必须实施接零保护。

③ 手持电动工机具使用之前，操作人员应对电源线、绝缘护套、手柄、插头等位置进行安全检查，并经试运行合格后方可使用。

④ 机具安全防护罩、电器保护装置应齐全、有效，操作人员应配备绝缘手套、绝缘鞋、防尘口罩等相应的个体防护用品。

⑤ 电动工机具在使用过程中发生异常发热、震动、声响应立即停止作业，排除故障后方可继续使用。电动工机具停止使用或检修时，应及时关闭开关，切断电源。

1.8.10 冲 床

说明：

① 操作人员应熟悉设备性能，掌握冲床操作技能，禁止戴手套操作该设备，女工应将长发盘起并佩戴工作帽。

② 工作前，操作人员应对设备进行检查，确认合闸点动设备无异常，然后启动设备进行空载试运转 3 min 无异常后，方可开始作业。

③ 模具时要紧牢固，上、下模对正，保证位置正确，用手搬转机床试冲（空车），确保在模具处于良好情况下工作。

④ 冲制或煨制短小工件时，操作人员应用专门工具，不得用手直接送料或取件。冲制或煨制长体零件时，操作人员应设制安全托料架或采取其他安全措施。

⑤ 工作完毕后，操作人员应切断电源，清理周边环境，将工件、工具、器具、模具摆放整齐。

1.8.11　手持砂轮机

说明：

① 砂轮机使用前，操作人员应首先检查砂轮是否有破损、裂纹，轴、孔是否匹配，如有缺陷必须更换，并确保砂轮夹持牢靠、防护罩完好无损。

② 手持砂轮在使用时必须保证防护罩朝向上方，不得仰磨。

③ 使用砂轮打磨工件，必须将砂轮把持稳定，不能进行弹跳式打磨。

④ 使用砂轮机必须戴防护眼镜，人应站在砂轮一侧，且用力不得过猛，以免飞溅物伤人。

⑤ 手持砂轮机不准用于代替台式砂轮机打磨工具、物件。

1.8.12　台式砂轮机

说明：

① 台式砂轮机必须有牢固合适的砂轮罩，开口不得大于砂轮直径的三分之一，并根据砂轮的使用说明书，选择与砂轮机主轴转数相符合的砂轮片，并固定牢靠。

② 砂轮安装好后，必须空转试验 2 ~ 3 min，试运转时，使用人员要站在砂轮机侧面，严禁正对砂轮片站立。

③ 开动砂轮机 40 ~ 60 s，转速稳定后方可开始作业，禁止两人同时使用一个砂轮。

④ 使用砂轮机必须戴防护眼镜，禁止戴手套操作，人应站在砂轮一侧，且用力不得过猛，以免飞溅物伤人。

⑤ 砂轮片不得沾水，应保持干燥，防止失去平衡，发生事故。

1.8.13　气　瓶

说明：

① 气瓶应设置防震圈和防护帽，使用过程中必须安装减压器。

② 乙炔气瓶应安装回火防止器，使用过程中气瓶应保持直立状态，严禁倒放、横躺卧放，严禁碰撞、敲打、抛掷、滚动气瓶。

③ 气瓶必须经专业检测机构定期检测合格，并有明显检验合格标志，不得使用老化、破损的气瓶、气管，气管不可混用。

④ 气瓶与明火作业点间距不小于 10 m，氧气瓶、乙炔瓶的工作间距不小于 5 m。

⑤ 使用气瓶作业应办理动火作业票，并落实相应的消防安全技术措施。

⑥ 露天作业，气瓶应采取防晒措施。

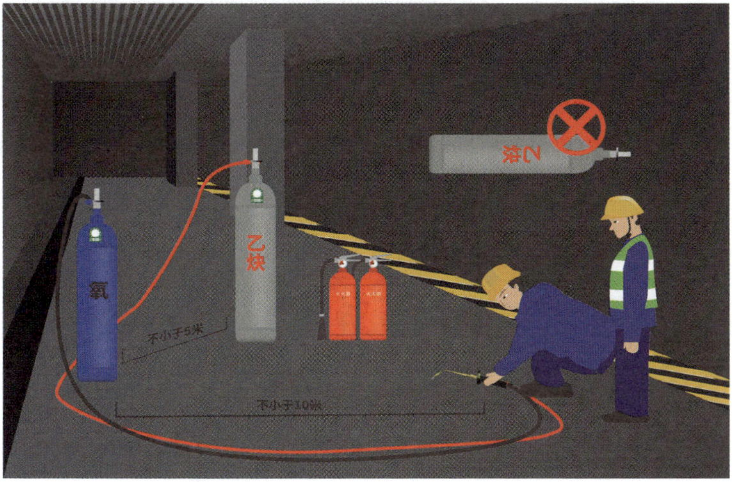

1.8.14　移动脚手架

说明：

① 移动式脚手架在搭设过程中应确保各个部件齐全、有效，规格尺寸一致，脚手板铺设严实，使用走形轮时，应确保锁闭良好。

② 脚手架上部作业人员必须规范使用安全带，工机具、材料上下应使用专用工具（工具包、麻绳等）传递，禁止抛掷。

③ 脚手架移动过程中，上部禁止有人员停留，施工过程中工机具、材料应采取有效的防坠落措施。

④ 当现场使用移动式脚手架搭设作业平台，且搭设高度超过两层时，必须采用双排形式进行搭设，排与排之间必须连接牢固，并采取斜撑、牵拉等方式固定。

⑤ 当需要搭设超高、受力型作业平台时，应制定专项方案，通过设计和验算并获批后由专业技术人员负责搭设，搭设完成经验收合格，悬挂验收合格标识牌后方可使用。

1.8.15　高空升降车

说明：

① 车辆驾驶员必须持有特种车辆驶执照，车辆操作人员必须具备特种设备安全操作技能，并经主管部门考核通过后，持证上岗。

② 停车位置应是坚实地面，整车倾斜度不大于 3°，停放和作业时应开启警示闪灯，严禁超负荷、超范围、超限界使用。

③ 占道施工现场参照占道施工安全技术要点落实防护措施。

④ 作业时操作人员要注意操作平台（斗）、臂与高低压导线、电话线及建筑物、大树、广告牌等物体间的安全距离。

⑤ 高空作业车回转及落物半径范围内禁止有人员停留，在施工区域外围设置临时安全隔离措施和安全警示标志，并设专职安全防护人员。

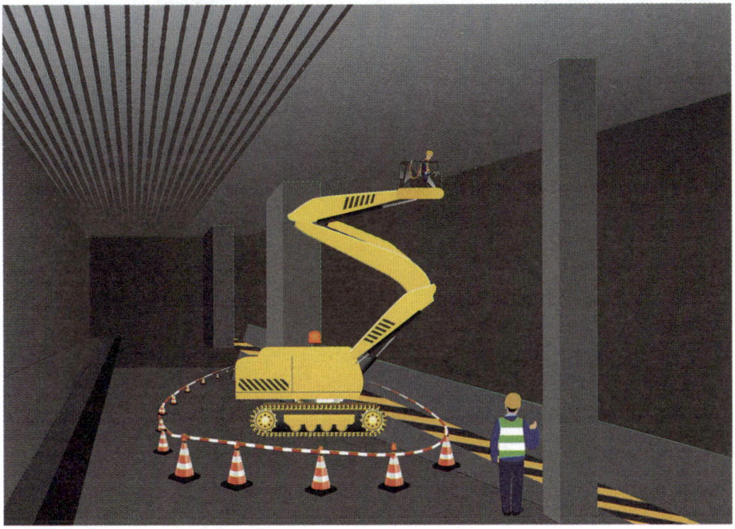

⑥ 作业车上部作业人员应不超过两人，并规范使用安全带，现场严禁抛投工机具、材料等物品。

1.8.16 自制平板车

说明：

① 轨行区自制平板车前/后轮应安装可靠的防溜制动装置。

② 平板车走行轮宜选用直径为 20 cm 的 POM 聚甲醛塑料轮制作，应避免使用导电的金属车轮。

③ 平板车两端宜使用结实可靠的麻绳或尼龙绳作为辅助牵引用具。

④ 为确保施工安全，平板车施工过程中不得超过其最大额定载重量。

1.8.17 梯　车

说明：

① 梯车使用前应对其走形轮、底座及上部结构进行检查，确认安全后方可使用，梯车上安装、配备的制动和防倾覆装置应齐全有效。

② 梯车上部脚踏板应铺设严实，固定牢靠，作业人员不得站在梯车护栏外进行操作。

③ 梯车上部脚踏板应铺设严实，固定牢靠，上部作业人员不得超过两人，下部推车、防护人员不得少于两人。

④ 梯车停放作业过程中应正确使用制动装置、防倾装置，曲线段作业时，下部作业人员不得站在曲线内侧。

⑤ 梯车上应悬挂安全警示牌，并贴红白色反光膜，增加可视性。

1.8.18　手扳葫芦

说明：

① 手扳葫芦使用前必须确认机件完好无损，传动部件及起重链条润滑良好，空转情况正常，无卡滞、脱轨现象。

② 手扳葫芦严禁超载使用，严禁擅自加长手柄使用，严禁用人力以外的其他动力进行操作。

③ 使用前应检查上下吊钩是否挂牢。应使载荷加在吊钩的钩腔中央，起重链条不得有错扭弯曲的链环，以确保安全。

④ 在起吊重物时，严禁人员在重物下方做任何工作或行走，防止发生物体打击事故。

1.9　通用作业项目安全技术要点

1.9.1　高处作业

说明：

① 超过 2 m 的高处作业应采取安全防护措施，作业人员必须规范使用安全带，悬空、攀爬作业应使用双钩安全带，爬杆（围杆）作业应使用电工安全带，并正确使用电工脚扣。

② 安全带应高挂低用，将挂钩悬挂、规定在稳固的建筑物、构筑物构件上使用，并避免安全绳与锋利、尖锐的部位接触。

③ 移动式梯子的梯脚底部禁止垫高使用，梯子与地面的角度应控制在 65° ～ 75° 。人字梯应设置可靠的拉撑装置，上部夹角宜控制在 45° 左右，梯子下部应安排专人扶梯。

④ 悬空作业所用的索具、吊具、料具等应经过技术鉴定，并组织验收合格后方可使用。

1.9.2 临时用电作业

（1）外电防护。

说明：

① 在建工程不得在外电架空线路正下方施工、搭设作业平台、建造生活设施或堆放架具、材料及其他杂物。外电线路与在建工程及脚手架、起重机械、场内机动车道之间保持安全距离。

② 起重机严禁跨越无防护设施的外电架空线路作业，在外电架空线路附近吊装时，起重机任何部位或被吊物边缘在最大偏斜时与架空线路边线之间保持最小安全距离。

③ 施工现场开挖沟槽边缘与外电埋地电缆边缘之间的安全距离不得小于 0.5 m。

④ 当现场环境限制不能满足规定时，必须采取绝缘隔离防护措施，并悬挂醒目的警告标志。

（2）接零保护系统。

说明：

① 在施工现场专用变压器的供电的 TN-S 接零保护系统中，电气设备的金属外壳必须与保护零线连接。保护零线应由工作接地线、配电室电源侧零线或总漏电保护器电源侧零线处引出。

② 施工现场与外电线路共用同一供电系统时，电气设备的接地、接零保护应与原系统保持一致。

③ 采用 TN 系统作保护接零时，工作零线必须通过漏电保护器，保护零线必须由电源进线零线重复接地处或总漏电保护器电源侧零线处引出，形成局部 TN-S 接零保护系统。

④、PE 线上禁止装设开关或熔断器，严禁通过工作电流，且严禁断线。

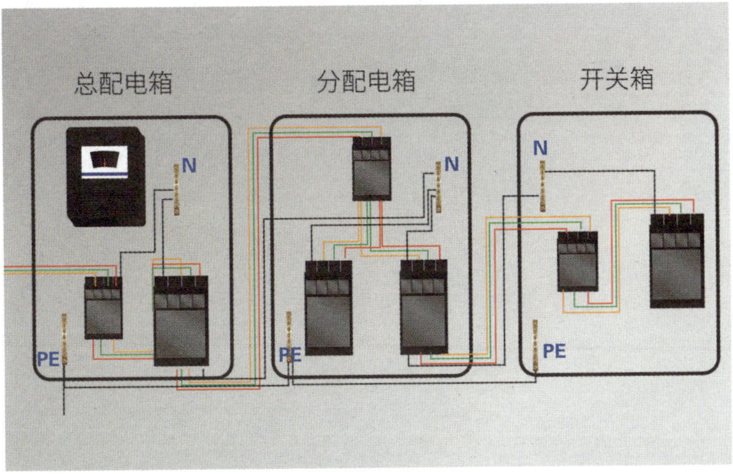

（3）接地与接地电阻。

说明：

① TN 系统中的保护零线除必须在配电室、总配电箱处做重复接地外，还必须在配电系统的中间处和末端处重复接地。

② 在 TN 系统中，保护零线处重复接地装置的接地电阻值不应大于 10 Ω。在工作接地电阻值允许达到 10 Ω 的电力系统中，所有重复接地的等效电阻不应大于 10 Ω。

③ 每一处接地装置的接地线应采用 2 根及以上导体，在不同接地点与接地体之间做电气连接，接地体宜采用角钢、钢管或光面圆钢，不得采用螺纹钢。

④ 移动式发电机供电的电气设备，其金属外壳或底座应与发电机电源的接地装置有可靠的电气连接。

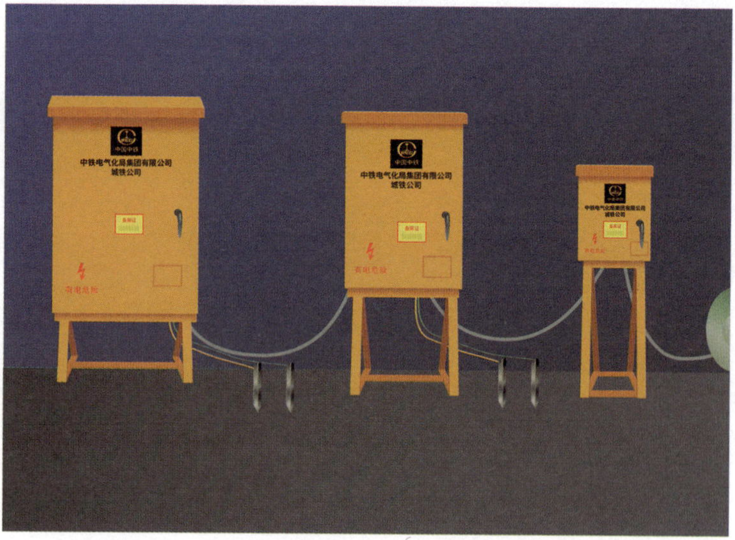

（4）配电线路。

说明：

① 架空线路必须采用绝缘导线，必须架设在专用电杆上，严禁架设在树木、脚手架及其他设施上，必须有短路保护、过载保护装置。

② 电缆中必须包含全部工作芯线和用作保护零线或保护线的芯线。需要三相四线制配电的电缆线路必须采用五芯电缆，淡蓝色芯线必须用作 N 线。绿 / 黄双色芯线必须用作 PE 线，严禁混用。

③ 电缆线路应采用埋地或架空敷设，严禁沿地面明设，并应避免机械损伤和介质腐蚀。埋地电缆路径应设方位标志。

④ 室内配线必须采用绝缘导线或电缆，应根据配线类型采用瓷瓶、瓷（塑料）夹、嵌绝缘槽、穿管或钢索敷设。

（5）配电箱。

说明：

① 每台用电设备必须有各自的专用开关箱，禁止用同一个开关箱直接控制 2 台及 2 台以上用电设备（含插座）。

② 配电箱电气安装板上必须分别设置 N 线、PE 线端子板，N 线端子板必须与金属电器安装板绝缘，PE 线端子板必须与金属电器安装板做电气连接。进出线中的 N 线必须通过 N 线端子板连接。PE 线必须通过 PE 线端子板连接。

③ 开关箱中漏电保护器的额定漏电动作电流不应大于 30 mA，额定漏电动作时间不应大于 0.1 s，使用于潮湿或腐蚀性介质场所的额定漏电动作电流不应大于 15 mA，额定动作时间不应大于 0.1 s。

④ 固定式配电箱、开关箱的中心点与地面的距离应为 1.4 ~ 1.6 m，移动式配电箱、开关箱中心点与地面距离宜为 0.8 ~ 1.6 m。

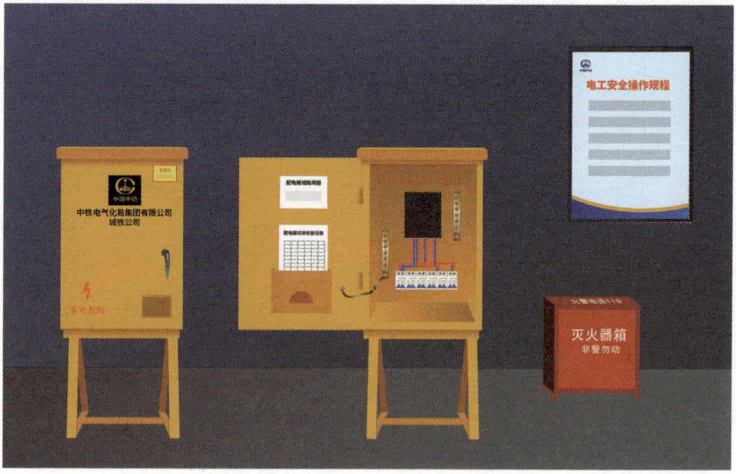

（6）现场临时照明。

说明：

① 动力配电箱与照明配电箱宜分开设置，当合并设置在同一配电箱时，动力和照明应分路配电，动力、照明配电箱必须分设。

② 隧道、人防工程、高温、有导电灰尘、比较潮湿或灯具离地面高度低于 2.5 m 等场所的照明电压不大于 36 V，潮湿和易触及带电体场所的照明电压不得大于 24 V，特别潮湿场所、导电良好的地面、锅炉或金属容器内照明电压不得大于 12 V。

③ 使用行灯照明时，电源电压不大于 36 V，灯头与手柄应坚固、绝缘良好并耐热耐潮湿。灯头与灯体结合牢靠，灯头无开关。

④ 室内 220 V 灯具距地面不得低于 2.5 m，普通灯具与易燃物距离不宜小于 300 mm，达不到规定安全距离时，应采取隔热措施。

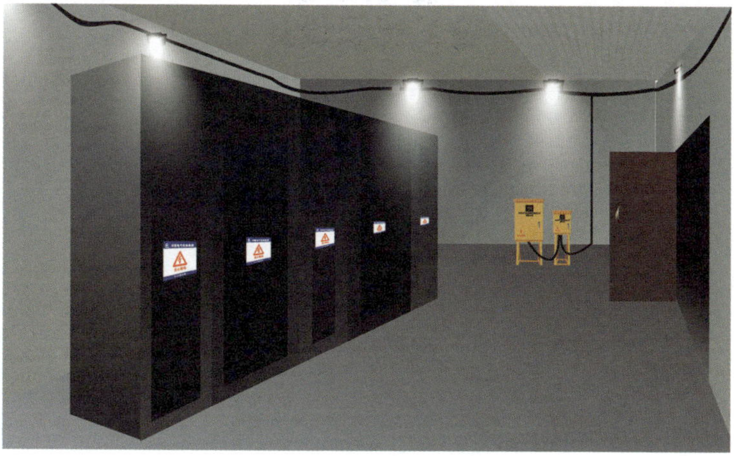

（7）临时用电管理。

说明：

① 施工现场临时用电设备在 5 台及以上或设备总容量在 50 kW 及以上者，应编制用电组织设计。其他情况下应编制临时用电安全技术方案。

② 临时用电组织设计及变更，由电气工程技术人员组织编制，必须履行“编制、审核、批准”程序，经相关部门审核及具有法人资格企业的技术负责人批准后实施。

③ 临时用电工程必须经编制、审核、批准部门和使用单位共同验收，合格后方可投入使用。

④ 现场临时用电必须建立安全技术档案，安全技术档案由主管现场的电气技术人员负责建立和管理。

1.9.3　交叉作业

说明：

① 当同一施工现场有两家及以上施工单位作业时，施工单位之间应签订安全生产管理协议，明确各自安全管理职责与责任范围。

② 垂直交叉作业时，坠落半径内应设置安全防护棚或安全防护网等安全隔离措施。当未设置安全隔离措施时，应设置警戒隔离区，并设置专人防护，严禁人员进入隔离区。

③ 施工现场人员进出的通道口，应搭设安全防护棚。防护棚设置要求参照通道口安全防护技术要求执行。

④ 在多层、高层建筑外立面施工，应在 2 层及每隔 4 层设一道固定的安全防护网，同时设一道随施工高度提升的安全防护网。

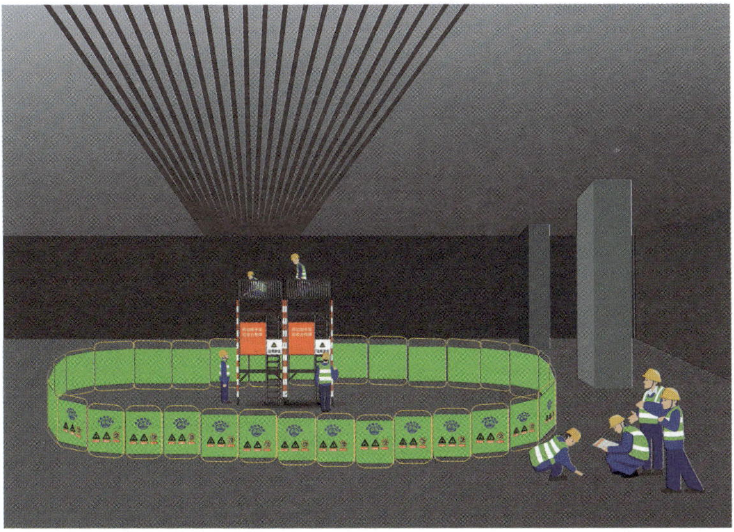

1.9.4 起重吊装作业

说明：

① 起重吊装作业现场，施工单位应在施工区域及落物半径范围外设置安全警示牌、防护锥、警戒带等安全防护措施。

② 当需占用市政道路从事吊装作业时，施工单位应参照占道施工相关标准落实占道施工安全防护措施。

③ 起重区域地面应满足承重要求，支撑必须打开并固定牢靠。

④ 吊装作业施工现场应在人员、车辆进出频繁的道路等位置设置专职防护人员，负责对过往人员、车辆进行引导和警戒。

⑤ 为保证施工安全，现场从业人员必须佩戴安全帽作业，夜间作业必须穿荧光防护背心。

⑥ 现场信号工、起重机操作工必须持证上岗，配备对讲机进行现场通信、指挥。

1.9.5　占道施工作业

（1）白天占道施工。

说明：

① 白天占道施工现场全体从业人员必须穿统一的工作服和反光防护背心、戴安全帽进场作业。

② 施工作业现场作业人员应在施工作业区域面向来车方向 50 m 外开始设置安全警示牌、防护锥。

③ 现场安全警示牌从前至后依次为前方道路施工告知牌、车辆限速牌和车辆导向牌，间距控制在 3 ~ 4 m，每个警示牌侧前方设置 1 个防护锥。

④ 现场使用防护锥间距宜控制在 2 ~ 3 m，高速及城市快速路根据道路通行情况适当增加防护锥摆放密度。

⑤ 施工现场面向来车方向，在距首个警示牌 5 ~ 10 m 位置设置专职防护员，负责现场交通引导、安全防护、安全警示等工作。

（2）夜间占道施工。

说明：

① 夜间占道施工现场应在来车方向前 3 个防护锥上部各设置 1 个红色安全警示灯。

② 其他防护区域每间隔 1 ～ 2 个防护锥应设置 1 个红色安全警示灯。

③ 专职安全防护人员应穿 LED 自发光型防护服。

④ 其他要求参照白天占道施工安全技术要点执行。

1.9.6　焊接作业

说明：

① 焊接作业人员必须持特种作业证上岗作业，现场携带有效的焊工证原件或复印件备查。

② 焊接作业属于动火作业，作业前，作业人员应按照动火作业相关要求办理动火作业票，清理周围易燃易爆物品，落实消防安全技术措施。焊接结束后，必须经过检查确认无火灾安全隐患后方可离开。

③ 焊接作业人员应穿焊工服，佩戴焊接手套、焊接面罩作业。

④ 高处焊接作业时，作业人员应设置防止焊接熔融物飞溅、滴落的防护挡板，并在作业区域下方设置防护隔离措施。焊接作业人员必须规范使用安全带。

⑤ 不得在下雨天露天或积水地带进行电焊作业。

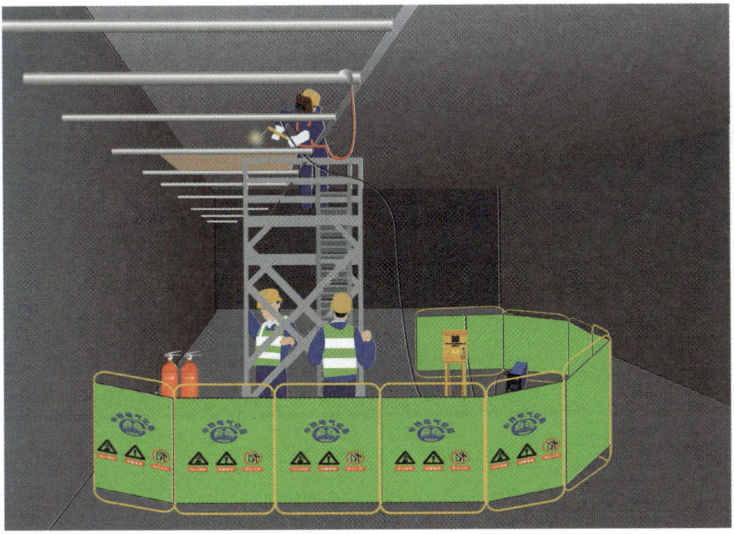

1.10　特殊环境、气候、工种作业安全技术要点

1.10.1　受限空间作业

说明：

① 进入基坑、竖井、管沟、电缆夹层等通风不良的受限空间作业前，施工单位应组织开展危险源辨识，组织专项安全技术交底，告知危险有害因素及安全技术、安全管理及应急处置措施。

② 受限空间作业必须按照“先通风，再检测，后作业”的原则和程序组织施工，必要情况下作业人员应佩戴隔离式防护面罩。

③ 受限空间临时用电宜采用 36 V 以下安全电压，并规范使用绝缘鞋、绝缘手套等个体防护用品。

④ 施工现场必须安排专职安全防护人员，时时掌握现场施工状态，发现紧急情况应立即采取相应的应急处置措施，科学施救，并及时向企业负责任人报告。

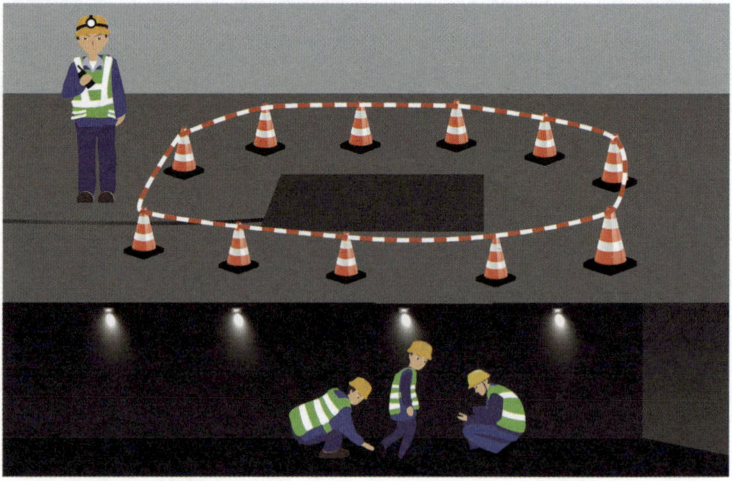

1.10.2　动火作业

说明：

① 动火作业前，作业人员应按照动火等级办理动火审批手续，持有效动火作业票及相应资格证（复印件）进行动火作业。

② 动火作业现场周围有易燃易爆物品时应清理干净，对于不能移动的易燃易爆物品应采取可靠的安全防护隔离措施。

③ 动火作业现场必须配备必要的消防器材，规格、数量、种类应满足现场消防灭火要求。

④ 五级（含五级）以上风力时，应停止焊接、切割等室外动火作业，否则应采取可靠的挡风措施。

⑤ 动火作业现场应设置专职防护人员，落实消防技术措施。施工结束后，作业人员应对施工现场进行消防巡查，无火灾隐患后方可离开。

1.10.3 特殊气候作业

说明：

① 施工单位应落实特殊气候预警工作，安排人员负责特殊气候应急值守、巡查工作，并配备必要的安全防护用品。

② 施工组织方案中应明确特殊气候下施工应采取的相应安全措施。设备安装专业特别要防范洪涝灾害事故的发生。

③ 项目驻地不得设置在低洼易涝或易受地质灾害影响的区域。项目部应按照规范要求设计排水系统，并按照要求设置避雷装置。

④ 当风力大于6级以上时，必须停止起重吊装作业，并对临时构筑物、围挡进行加固处理。

⑤ 雷电天气必须停止高空作业、起重吊装作业。

1.10.4　特种作业

说明：

① 特种作业人员必须经专门的安全技术培训并考核合格，取得“中华人民共和国特种作业操作证”后方可上岗作业。

② 离开特种作业岗位 6 个月以上的特种作业人员，应当重新进行实际操作考试，经确认合格后方可上岗作业。

③ 特种作业操作证每 3 年复审 1 次，过期未复审视为无效证件。

④ 生产经营单位应当加强对本单位特种作业人员的管理，建立健全特种作业人员培训、复审档案，做好申报、培训、考核、复审的组织和日常的监督检查工作。

1.11 轨行区安全管理

1.11.1 安全管理协议、方案

说明：

① 进入轨行区施工作业前，相关方应与建设单位及其代表签订轨行区安全管理协议，明确双方安全管理职责和范围。

② 轨行区施工、运输单位应设置调度室（或调度员），制订轨行区作业安全方案。

③ 施工作业人员进入轨行区施工作业前应组织专项安全技术交底，告知安全风险，明确安全技术、管理措施。

④ 轨行区临时管理单位应严格按照《轨行区安全管理办法》落实轨行区安全保卫、轨行区调度、安全文明施工等管理工作。

1.11.2　施工请销点

说明：

① 进入轨行区施工时，作业人员必须向轨行区主管部门申请办理“轨行区作业令”。

② 作业人员应严格按照作业令下达的施工区域、施工时间组织施工，不得超区域、超时间作业，并履行登记、销点手续。

③ 施工结束、撤场前，作业人员应对施工区域进行巡查清理，做到工完料尽场地清，严禁在轨行区遗留物料工具。

④ 施工结束后，作业人员必须对施工区域内的限界进行检查、确认，严防线缆、支架等侵入安全限界。

⑤ 作业完毕离场时，作业负责人应对施工人员进行清点、确认，严禁有人员滞留轨行区。

1.11.3 安全保卫

说明：

① 轨行区临时管理权移交后，作为轨行区临时管理单位，施工单位要对所辖范围内进出轨行区的各个通道、出入口采取可靠的安全隔离措施。

② 在预留进出轨行区的出入口位置时应设置 24 h 安全保卫岗，主要负责进出轨行区从业人员、设备设施的登记、销记，现场巡查及情况反馈等工作。

③ 每个安保岗，安保人员不少于 2 人，实行 8 h 轮班工作制度。

1.11.4　施工安全

说明：

① 施工单位应在轨行区施工区域前、后各 100 m 处（曲线段 150 m 处）设置轨行区安全防护警示装置和专职安全防护员，白天高架区间施工现场将红闪灯换成信号旗（红色、黄色和绿色）。

② 直线段轨行区安全警示装置安装在轨道一侧，曲线段设置在轨道曲线外侧，轨行区安全防护警示装置相对位置根据施工班组移动情况及时移动、调整。

③ 专职安全防护员穿 LED 防护背心，手持 LED 指挥棒，携带对讲机和口哨，站立在轨道外侧的相应位置，并背对施工作业人员方向。

④ 现场同班组其他从业人穿反光防护背心；班组长或安全员配备对讲机、口哨，与专职防护员保持通信畅通。

1.11.5 车辆管理

说明：

① 轨行车辆必须在轨行区调度下达作业令所批复的区域和时间范围内安全运行。

② 列车停车时，车长应进行制动或设置防溜铁鞋，运行过程中要加强瞭望，限速行驶。

③ 轨行车辆在运行过程中，严禁超载、偏载和超限界作业。使用非机动梯车、小推车等时应设置制动、防溜、防倾覆装置。

④ 车辆施工行进过程中发现前方有施工时，必须待施工人员、机具、材料撤离到安全区域后方可减速通过。

⑤ 轨行车辆使用完毕后应停放在指定的安全区域，并采取可靠的制动、防护措施。

1.12　事故应急与处置

1.12.1　应急预案编制与学习

说明：

① 施工单位应根据危险源辨识结果，在安全生产事故风险评估和应急资源调查的基础上组织编制应急救援预案。

② 预案编制部门和单位应组成预案编制小组，由预案涉及主要部门和单位相关人员、有关专家、有现场处置经验的人员组成。

③ 应急救援预案分为综合应急预案、专项应急预案和现场处置方案。应急预案应当遵循以人为本、依法依规、符合实际、注重实效的原则组织编制，以应急处置为核心，明确应急职责、规范应急程序、细化保障措施。

④ 预案完成编制、审核、批准后，应按照法律法规要求的频次定期组织对各级、各岗位从业人员开展应急预案培训和演练。

1.12.2 应急救援演练

说明：

① 应急预案编制单位应当建立应急演练制度，根据实际情况采取实战演练、桌面推演等方式，组织开展人员广泛参与、处置联动性强、形式多样、节约高效的应急演练。

② 各单位应急救援预案至少每年组织进行一次演练，并形成完整的演练记录归档保存。

③ 矿山、建筑施工单位，公共交通工具、公共场所和医院、学校等人员密集场所的经营单位或者管理单位等，应当有针对性地经常组织开展应急演练。

④ 应急演练组织单位应当组织演练评估，分析总结演练过程中存在的缺陷和不足，及时对应急救援预案进行修订和完善。

1.12.3　应急人员、物资储备

说明：

① 应急救援预案的编制单位，应根据应急救援预案设置应急救援机构，组建应急救援队伍，配备应急救援人员。急救人员应通过专项安全教育培训，具备基本的应急处置能力。

② 施工单位应急救援物资应参照应急救援预案，按照实用性、功能性、安全性原则进行配置，满足单位现场应急处置的需要。

③ 生产作业现场应根据作业性质、工作场所、作业环境、地理条件等因素适当增配应急物资的种类和数量。

④ 生产作业现场所配备的应急救援物资应符合国家标准或行业标准的要求，并经法定检测机构检验合格。

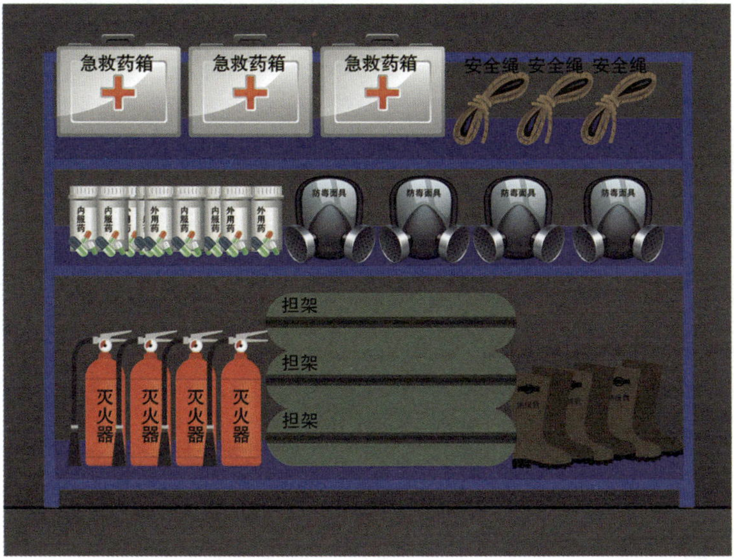

1.12.4 事故报告与应急处置

说明：

① 现场发生安全生产事故时，现场相关人员应立即向本单位负责人或分管负责人报告。单位负责人接到报告后，应当于1 h内向事故发生地县级以上人民政府安全生产监督管理部门和负有安全生产监督管理职责的有关部门报告。

② 接到事故报告后，单位负责人应及时启动应急救援预案，各级各部门根据应急救援程序，开展应急救援工作。

③ 施工现场应急救援应坚持“安全”原则组织实施，科学施救，避免二次事故的发生。施工现场应急处置应由具备专业急救知识和技能的人员负责实施，严防造成二次伤害。

④ 事故发生后，有关单位和人员应当妥善保护事故现场以及相关证据，任何单位和个人不得破坏事故现场、毁灭相关证据。

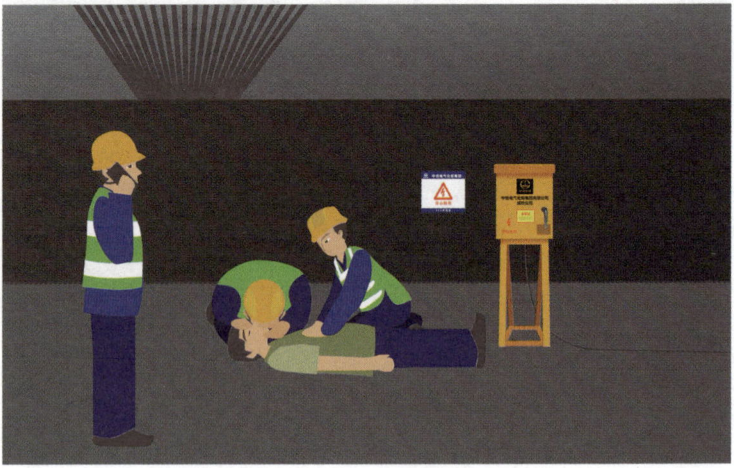

第2篇

专业工程安全技术要点图解

2.1　供电线路安装安全技术要点

2.1.1　接触网（轨）专业

（1）基础开挖与浇筑。

说明：

① 基坑开挖前，施工单位应调查、了解基坑及周边位置有无地下管线、设施分布，并根据调查结果，结合现场环境条件，选择合理的基坑开挖方式和机具，并落实隔离、保护措施。当遇到不明管线时，施工人员要及时告知技术人员，确定施工方案后，方可进行施工。

② 每组作业人员不得少于 2 人，1 人作业、1 人防护，监护好基坑壁支护情况，防止基坑坍塌。

③ 开挖过程中产生的渣土应用安全、可靠的吊篮运出坑外，吊篮中的渣土、石块不得冒装，吊篮提升过程中基坑中的

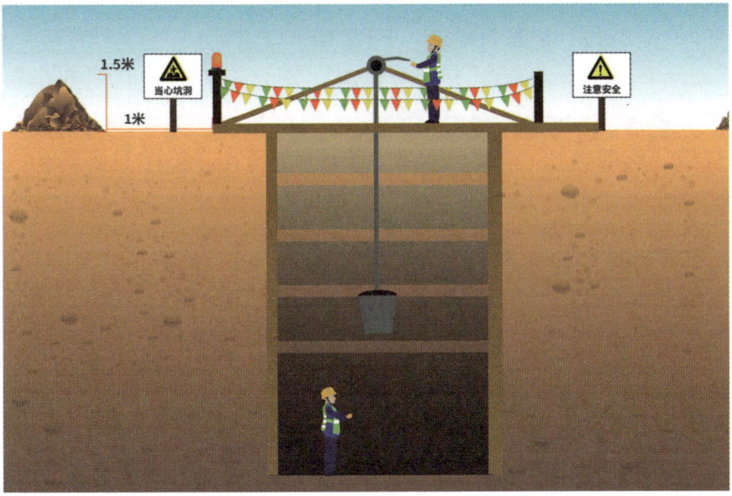

人员应避开落物区域。

④ 现场渣土应运输到指定位置堆放，并采取措施防止污染道床，不得在基坑周边 1 m 范围内堆放弃土和各种重物，1 m 以外堆放渣土、物料的高度不得高于 1.5 m。

⑤ 现场应配备供人员上下基坑的专用梯子，机具、材料上下基坑应用工具包、吊篮等工具上下传递，严禁抛掷。

⑥ 基坑挖深大于 1 m 后，应用扣件式脚手架和木板逐层安装好基坑支护板，防止基坑坍塌。

⑦ 现场供风镐使用的压缩空气管道必须连接可靠，接头两端应采取可靠的固定措施，管道应远离人员频繁经过、出入的区域敷设，现场严禁在空压机运行过程中，对管道进行安装、检修作业。

⑧ 现场必须使用金属柴、汽油桶，油桶应单独存放在安全位置，现场存量宜为不超过 1 d 的用量，并配备灭火器、沙子等消防器材。

⑨ 使用发电机作业前，作业人员应在发电机外壳接地处连接好接地线，接地线选用 4 mm^2 以上软导线，在给发电机加油时必须将发电机关闭。

⑩ 现场使用混凝土搅拌机时，安全防护装置必须齐全有效。在搅拌机运行状态下，作业人员严禁将头或手伸入料斗与机架间察看或探摸进料情况，运转中不得用手或工具等物伸入搅拌筒内扒料、出料。

⑪ 施工现场使用的配电箱必须符合临电规范要求，每台用电设备必须有各自的专用开关箱，严禁用同一个开关箱控制两台及两台以上用电设备，施工现场只准使用Ⅱ类或Ⅲ类电动工具，严禁使用Ⅰ类电动工具，严禁使用插线板作业。

⑫ 对已开挖或开挖完成的基坑，施工单位应参照基坑防护安全技术要点落实安全防护、警示等措施。

（2）立杆、门型梁安装。

说明：

① 作业前班组必须进行安全讲话，对参加支柱安装作业的人员进行明确分工：安全员 1 人负责现场安全管理和监护，吊车司机 1 人负责操作吊车，信号工 1 人负责指挥与挂钩，扶杆人员 3 ~ 4 人负责穿吊带与钢支柱就位。

② 吊装作业前，作业负责人应查验操作人员证件和吊车年检证明文件，检查吊钩、吊钩防脱绳装置、吊钩钢丝绳防跳槽装置、吊钩滑轮组、吊钩限位器、钢丝绳、吊带、力矩检测器、钢丝绳固定压板、排绳器、吊车水平仪和吊车其他安全装置是否完好。

③ 吊装作业前，作业人员应检查现场地基承载力是否满足作业安全要求、吊车支腿是否完全伸出、支腿垫木设置的大小是否至少是液压支腿底板截面积的 3 倍。

④ 吊装作业前，作业人员应在作业范围设置安全防护，避免无关人员进入作业区域。

⑤ 雷电、大风、雨雪、大雾、夜间照明条件不好情况下严禁进行吊装作业。

⑥ 吊装中支柱的运输根据支柱规格和安装车辆限界，控制支柱装运数量及加固牢固。

⑦ 吊装支柱必须使用吊带，以防损伤镀锌层，并设置防滑脱吊带或钢丝绳，防止吊装作业时钢支柱滑脱。

⑧ 支柱、门型架起吊作业中，所有人员必须听从作业负责人统一指挥，吊车不得随意转向和起落吊臂，吊臂下严禁人员停留，钢支柱吊装就位时严禁将手脚放在钢支柱底座下方。

⑨ 高处和临边作业时，作业人员应系好安全带。在整正钢支柱时，螺母只准松动，不准卸下。

⑩ 在对门型梁进行组装时,应注意安全,防止挤伤手脚。对门型梁进行吊装时系好晃绳，门型梁对位安装使用晃绳就位。

⑩ 横梁焊接作业时，地面周围 10 m 内设为施工禁区，严禁在作业下方及危险区域内存放可燃、易燃易爆物品及停留人员。在作业过程中，施工现场必须设专人监护并备有消防器材。

⑪ 现场使用的梯子不得随意加长使用，梯角需包橡皮防滑，与地面夹角宜为65° ~ 75°，下端放置牢靠，上端有效固定，禁止两人同时在梯子上作业。

⑫ 高空作业人员使用的材料、工具应放入专用工具包，防止坠落伤人。

（3）腕臂安装。

说明：

① 每组作业人员不得少于 5 人，2 人上杆进行安装作业，3 人负责安全防护和传递物品。

② 作业前，作业人员应仔细检查脚扣、安全带、滑轮、绳索等攀爬安全工具是否完好。

③ 钢支柱湿滑和雷电、大风等恶劣天气时严禁进行登高作业。

④ 登高作业时，作业人员必须使用工具包，小型零件和工具放入工具包内，防止工具和零件坠落伤人。

⑤ 腕臂运输时，运输人员应及时用草袋对绝缘子进行包扎，运输途中轻拿轻放，防止绝缘子受到损伤、破坏。

⑥ 在轨行区进行腕臂安装作业时，按规定设置好安全防护。使用梯车时，做好防溜、防倾覆措施，防止梯车溜逸和倾翻。

⑦ 在进行腕臂安装时，作业人员应由支柱两侧分别上杆，上杆后及时系好安全带，不得在同一侧进行作业，传递物料使用绳索，严禁上下抛掷。

⑧ 使用绳索起吊腕臂时，应将起吊绳索绑扎在中间偏上位置。起吊时腕臂下方禁止站人，防止腕臂掉落伤人。

⑨ 安装使用的扳手等工具必须拴系失手绳，防止工具滑脱砸伤人员和车辆。

⑩ 腕臂安装完成后及时将腕臂绑扎固定在钢支柱上，防止腕臂来回摆动碰伤绝缘子。

（4）埋入杆及悬挂支持结构安装。

说明：

① 施工前，作业人员应穿戴好护目镜、防尘口罩、安全带、绝缘鞋等相关防护用品。

② 轨行区作业施工应落实轨行区安全防护措施，设置防护装置，设置防护人员。

③ 作业前，作业人员必须对梯车进行安全检查，确认刹车和防倾装置的有效性。梯车上部作业人员不得超过 2 人，下部推、扶梯车人员不得少于 2 人，并必须听从上部作业人员指挥，严禁自行动车，严禁在轨行区溜放梯车。梯车推行速度不大于 5km/h，推行时必须匀速平稳、前行，推行时注意避让轨行区预留孔洞。

④ 在梯车顶部防护栏以外伸出的木板上、高净空、曲线段作业时，按要求设置防倾覆拉绳。

⑤ 施工现场严禁使用Ⅰ类电动工具，新电钻使用前进行检查，并应测绝缘。电钻使用时双手必须握紧电钻，防止钻头卡滞而扭伤手腕及电钻掉下伤人，更换使用过的钻头时要戴好手套，防止烫伤。

⑥ 钻孔作业时，作业人员要戴好护目镜、口罩或防尘面罩。使用鼓风机时，应对准钻孔位置吹散灰尘，严禁对准施工人员吹风。

⑦ 传递物料必须使用绳索上下进行传递，严禁手持器物攀爬车梯。

⑧ 作业时车梯上工具、材料应放置妥当，严禁在车梯作业平台堆积零部件，工具应放入专用工具包，防止掉落，避免坠物砸伤。

⑨ 灌注锚栓时，作业人员应戴好手套，不能到处涂抹化学药剂，并要防止化学药剂入眼入口。锚栓拉力测试时，作业人员应做好安全防护，防止锚栓拉出，测试仪器坠下伤人及损伤仪器。

（5）接触悬挂安装。

说明：

① 作业前，作业人员应佩戴好个人安全劳动防护用品。作业平台上禁止存放未经绑扎固定的材料，工具应放入工具包内，防止掉落伤人。

② 使用梯车作业时，上部作业人员不得超过 2 人，推扶梯车人员不得少于 2 人；上部作业人员系好安全带；下部作业人员必须听从上部作业人员指挥，严禁自行动车，严禁在轨行区溜放梯车。

③ 梯车推行速度不大于 5 km/h，推行时必须匀速平稳、前行，严防发生冲击现象，推行时注意避让轨行区预留孔洞。

④ 材料上下传递必须使用绳索，严禁抛掷和手持器物攀爬梯车。

⑤ 在搬运吊柱、爬架、吊架和垂直悬吊底座等较重物件时注意抬稳，防止砸伤手脚。

⑥ 吊柱、爬架安装应使用作业车配合安装，如果使用梯车安装，必须严格落实防溜、防倾措施。吊柱、爬架提升过程中落物半径下方严禁有人员停留或通过。

⑦ 现场必须选用结实、牢靠的提升工具（安全绳、麻绳、滑轮等），使用前应仔细检查，确认安全后方可使用。

⑧ 支撑装置安装时，上方空间比较狭小，作业人员要注意避让已安装完成的螺栓和隧道上方的突出物，防止撞伤、扎伤。对螺栓进行紧固时，作业人员应握紧扳手，站在梯车护栏范围内进行作业。

⑨ 使用作业车施工时，作业车司机和平台上作业人员配备对讲机确保联络畅通，作业人员与司机之间的信息传递应及时、准确、清楚、呼唤应答，作业平台必须有专人操作，严禁在有人上、下时升降平台。

（6）线材（接触线、馈线、地线）安装。

说明：

① 作业前，作业人员穿戴好个人安全劳动防护用品，遇雷雨、大风等恶劣天气严禁露天作业。使用作业车作业时，司机应仔细检查车辆和行车安全设备，确保状态良好，并与作业人员检查通信工具，确保联络畅通。作业人员与司机之间的信息传递应及时、准确、清楚、呼唤应答。

② 作业车司机应听从作业平台上施工负责人的指挥，行进速度严禁超过 5km/h，严禁急剧起停车辆。作业车在移动过程中，平台作业人员必须站稳扶好，将安全带系挂在作业车安全位置。平台上的作业人员在车辆移动中应注意防止接触网构件碰刮伤人。

③ 架设刚性接触网汇流排终端端部弯头的接触线时，作业人员应利用放线小车把接触线卡进汇流排夹持槽内，并检查确认后方可进行接触线架设施工。作业时严禁将手放在放线小

车轮下方，避免手指被放线小车车轮轧伤。

④ 柔性接触网线材起锚固定线材处，至少用 3 个卡子两正一反固定线材，以免滑落弹开伤人。卡子必须紧固牢固，不得有松动，若有滑丝现象，必须立即更换。

⑤ 柔性接触网线材起锚连接完毕，将放线初张力调至 1.5 kN 左右，车组平缓起动，拉起地线后，车组应以 5 km/h 的速度匀速行驶。作业中安排专人调整放线张力大小。

⑥ 在定位点悬挂滑轮时，滑轮要悬挂稳定，保证线材能顺线路无障碍自由滑动,并不得与其他建筑物及设备发生摩擦。

⑦ 线材架设时需听从工长统一指挥，作业车前行时须目视前方，注意避让悬挂装置和隧道上方的突起物，以免碰伤，并随时提醒他人，严禁站在曲线内侧或将身体任何部位探出平台范围外进行作业。作业车移动或作业平台升降、转向时，严禁人员上下。

⑧ 落锚时，断线前作业人员应先检查紧线器、手扳葫芦等连接部件受力情况，确认安全后方可断线。断线时下锚线索下方不得站人。

⑨ 地线下锚完成后，作业人员应检查地线及其线夹、紧固螺栓、卡子等与接触网带电体的距离不得小于 150 mm，对受电弓的瞬时距离不应小于 100 mm，且不得侵入轨行区限界。

⑩ 接触线、承力索紧线时，在紧线器前端的线索上安装钢丝绳卡子，防止紧线器脱落，待棘轮离开卡舌后停止紧线。紧线作业完成后，用断线钳剪断承力索、接触线，依次连接临时钢丝套与承力索、接触线终端、平行滑轮、钢丝卡子，进行临时固定。固定钢丝卡不得少于 4 个。断线时，下锚线索和补偿坠砣下方不得站人。

（7）接触轨吊装。

说明：

① 设置吊装安全警示区，禁止与吊装作业无关的人员进入。

② 吊装机械操作人员、信号工必须执证上岗，严格按操作规程操作。

③ 随手用工具应放在工具袋内，不得任意乱掷或向下丢弃。传递物件禁止抛递。

④ 作业人员不得在吊车的吊臂和正在吊装的构件下面停留或通过。

⑤ 吊装作业时待接触轨平稳着地后，施工人员再上前进行下一步操作。

（8）接触轨绝缘支撑安装。

说明：

① 作业平台上材料、工具禁止超高、超限存放，工具应放入工具包内，防止掉落伤人。

② 底座安装过程中，高空作业时推车人员及两侧护栏安装人员必须系好安全带，安全带捆绑位置尽量在F轨上。

③ 底座运输安装时，看好脚下，防止滑倒、磕碰、砸伤，禁止高空抛物。

④ 使用手持电动工具时插头不得更换，用电设备使用专用开关箱，执行“一机、一闸、一漏、一箱”的规定。

⑤ 拆卸设备包装木板时，应随时清理，防止钉子扎脚、划伤等现象。

（9）接触轨安装。

说明：

① 作业平台上材料、工具禁止超高、超限存放，工具应放入工具包内，防止掉落伤人。

② 在接触轨施工时，要有专人旁站，施工段下方严禁站人，严禁向下抛掷施工工具、材料等，以免伤人。

③ 接触轨运输安装过程中注意脚下，轻拿轻放，以免砸伤、磕碰。

④ 接触轨自制作业小车施工时，制动要灵活，防止溜车、脱轨造成的伤害。

⑤ 接触轨切割及钻孔过程中，双手远离锯条和钻头，防止切伤划伤。

（10）隔离开关柜安装。

说明：

① 隔离开关柜运输安装过程中，应统一指挥、协同一致，做好防倾翻措施，严禁将手脚伸入柜体下方，防止砸伤、压伤。

② 使用台钻和电钻时，严禁带手套，以免发生危险。

③ 拆卸设备包装木板时，应随时清理，防止钉子扎脚、划伤设备。

④ 使用撬棍等工具进行辅助安装时，要注意撬棍头的变形度和柜子的倾斜度，以免发生侧滑伤人伤设备现象。

⑤ 现场应设置照明设备，以保证现场照明需要，和预留孔洞保持一定的安全距离，防止坠落伤人。

（11）避雷器安装。

说明：

① 施工时使用的电动工具必须检验合格，未经检验的或者检验不合格的产品严禁使用。所有的电动设备必须带有漏电保护装置。

② 拆卸设备包装木板时，应随时清理，防止钉子扎脚、划伤设备。

③ 作业人员在使用电钻钻孔时，严禁带手套，以免发生危险。

④ 避雷器运输过程中禁止磕碰，以免损伤绝缘瓷瓶。

⑤ 登高作业、临边作业现场规范使用安全带，工具、材料应装在工具包内，使用专用工具上下传递。

⑥ 电缆连接时，电缆头制作要背刀剥线，以免划伤。

（12）冷、热滑作业。

说明：

① 接触网冷、热滑作业应编制专项施工方案，组织人员进行学习和交底，严格执行轨行区施工安全规定和工作票制度。

② 冷、热滑前应对施工范围内的轨行区进行人员、机具清场处理，冷、热滑作业过程中严禁无关人员进入该区域作业。

③ 施工负责人和司机使用对讲机进行联络，确保现场通信畅通、可靠，司机必须服从施工负责人的指令，若冷滑装置出现异常须立即通知作业车司机停车。

④ 冷滑前每个站场和区间两端均需做好临时接地，以防静电伤人，在带电接触网相邻区段的冷滑试验需在停电间隔进行，该相邻区段的接触网应进行双接地。

⑤ 现场严格按照低、中、高速程序进行，不得超过允许速度，不克服前次冷、热滑发现的问题，不得进行下次冷、热滑。

（13）验电、接地作业。

说明：

① 施工现场接触网验电接地作业人员必须戴绝缘手套、穿绝缘靴作业。

② 高压验电器使用前应首先按下检测按钮，确认验电器正常后方可使用。

③ 验电作业前应首先连接接地线，接地线应连接在现场导通的接地扁钢或桥架上。

④ 接地线安装时先连接接地端，后接接电端。拆除接地线时，必须先拆接电端，后拆接地端。

⑤ 验电接地作业现场应设有专职安全监护人员。

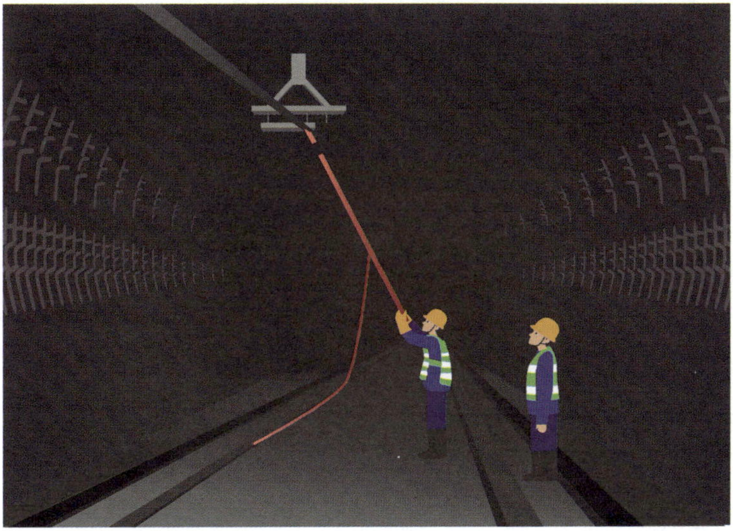

（14）限界检测。

说明：

① 限界检测作业应编制专项施工方案，经审核批准后方可实施，并组织人员进行学习和交底。

② 检测车操作人员和限界检测人员必须配备对讲机，保持通信畅通，车辆行进过程中必须听从限界检测人员的指挥，在限速范围内安全驾驶。

③ 限界检测作业前应对施工范围内的轨行区进行人员、机具清场处理，检测作业过程中严禁无关人员进入该区域作业。

④ 限界检测中发现异常须立即停车，经检查确认可以安全通过后方可继续行进。

⑤ 限界检测作业过程中，作业车辆未停稳严禁人员上下。

2.1.2　环网专业

（1）电缆桥支架安装。

说明：

① 施工作业时应佩戴好个人安全劳动防护用品，搬运材料时要轻拿轻放，避免砸伤手脚，现场材料应堆码整齐、牢固，严禁超高、侵限界堆放。

② 轨行区作业，距离作业点两端必须设专人进行安全防护，并放置轨行区作业主动防护装置，防护距离直线段不少于 100 m、曲线段不小于 150 m，安全防护员与作业点之间联络采用对讲机，保持联络通畅，遇有车辆通过时及时通知避让。

③ 轨行区使用发电机作业必须配备有效的消防器材，发电机外壳应接地，使用电动工机具必须使用三级开关箱，所有电动机具和线缆必须检查，保证绝缘良好。

④ 施工现场严禁使用Ⅰ类电动工具，电动工机具使用前应首先进行空载试运行，电钻使用过程中必须双手握紧电钻，防止钻头卡滞而扭伤手腕及电钻掉下伤人，更换使用过的钻头时要带好手套，防止烫伤。

⑤ 钻孔作业时要戴好护目镜、口罩或防尘面罩。

⑥ 使用梯子登高作业，必须两人配合，一人扶梯，一人登高，并做好防滑、固定措施。

⑦ 使用自制平板车转运支架时，平板车刹车制动装置必须有效可靠，平板车载重量不得大于平板车最大载重量，支架应堆码整齐，并采取必要的固定措施。

⑧ 使用自制平板车进行支架转运过程中，应不少于两人配合作业，必须采取有效的防溜措施，严防平板车溜逸事故的发生。

⑨ 轨行区作业时，使用的工具材料不得侵入轨行区限界，确保轨行车辆行车安全。

（2）线缆敷设。

说明：

① 电缆放线架必须使用直径 12 mm 钢丝绳牢固地固定在轨道车平板上，电缆盘放置在放线架上，并调整平衡，不得引起作业车偏载。

② 电缆盘吊装时必须选用安全、可靠的吊具，车上车下人员应配合一致，吊物和吊臂下严禁站人。

③ 使用轨行车辆敷设电缆时，司机应仔细检查车辆和行车安全设备，确保状态良好，并与作业人员检查通信工具，确保联络畅通，作业人员与司机之间的信息传递应及时、准确、清楚、呼唤应答。

④ 电缆敷设作业应设专人引道，轨道车的移动应听从作业平台上施工负责人的指挥，行进速度严禁超过 5 km/h。

⑤ 电缆盘上的电缆头应牢固固定，防止电缆盘转动时打

伤作业人员。转盘人员应随时观察放线架和线盘的状态，如发现异常情况，应及时上报；且转盘人员必须系安全带，并禁止站在曲线内侧。

⑥ 在电缆井等密闭空间内作业时，必须进行气体检测，确认安全后方准下井作业。

⑦ 电缆竖井内敷设电缆时，从业人员必须规范使用安全带，现场将安全带系挂在安装牢固的竖井支架上。竖井口位置应设置防护盖板，防止人员坠落或物体打击事故的发生。

⑧ 电缆敷设完成后不得侵入轨行区限界并及时上架，绑扎固定，防止电缆损伤。

（3）环网、接触网送电作业。

说明：

① 环网、接触网送电前，应在送电区域各个人员出入口位置张贴送电告示，告知送电区域、时间、安全注意事项等，各出入口必须可靠封闭，并在主要出入口安排专人值守。

② 施工单位应编制送电专项方案，制定专项安全技术、管理措施，并组织相关人员进行学习和交底。送电作业前应对送电区域轨行区、设备间进行清场，严禁无关人员进入送电区域。

③ 环网送电作业前必须进行校相和绝缘测试，接触网送电前应进行对地绝缘测试，送电后，应进行验电作业。

④ 首次送电完成后，施工单位应按照送电方案要求落实安全防护措施，落实送电区域设备、线缆的巡查管理工作。

2.2 供电设备专业安全技术要点

2.2.1 基础安装

说明：

① 施工作业前应先熟悉场地，注意变电所内临边洞口位置，并做好临时安全防护，特别注意要对轨行区侧设备运输预留门洞进行防护。

② 根据施工环境，配备充足的安全照明设施，保证现场照度。

③ 变电所内基础焊接作业临时用电必须符合临电规范要求，焊接动火必须开具动火作业票，焊工必须持有效的特种作业操作证上岗作业，配备有效的消防器材，并设置专人进行安全防护。

④ 施工结束后，应按照变电所临时安全防护技术要点，设置安全防护、警示、照明设施。

2.2.2　变电所临时安全防护

说明：

① 变电所设备底座安装完成后，按照公司统一要求设置临时安全防护措施。

② 大于 1.0 m 的孔洞，应在洞口上方铺设不小于 1.5 cm 的胶合板，外围设置蓝白色荧光防护墩和双层栏杆。

③ 孔洞尺寸小于 1.0 m 时，应在孔洞上方铺设 1.5 cm 的胶合板，并在胶合板上放置荧光防护锥。

④ 变电所内应设置临时安全照明设施，并保持常亮状态。

⑤ 在现场显眼位置悬挂“注意安全”“当心坑洞”等安全警示牌。

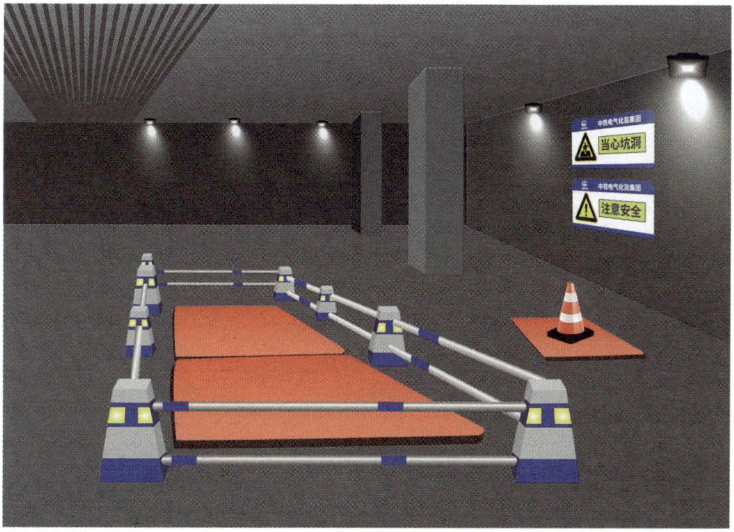

2.2.3 设备运输

说明：

① 设备运输前应先调查并确认运输路线，确保运输路线畅通，并满足承重要求。

② 设备装运时，必须有带班人员现场协调和指挥，严防损伤设备或造成人员挤、轧、砸伤害类事故的发生。

③ 设备必须放置在运输车辆的安全承重位置，并经货车司机确认后方可开始起运作业。

④ 设备装车完毕后应用手扳葫芦或紧线器拉紧固定在车辆上，防止设备在运输过程中发生位移或倾覆。

2.2.4　现场设备运输及平台搭设

说明：

① 变电所大、重型设备现场转运前，项目部工程技术人员应根据现场调查结果，结合设备重量、规格、尺寸，制订设备现场运输方案，经审批并对作业人员进行交底后方可进行作业。

② 当现场需要搭设悬挑式运输平台时，应进行专项设计和验算，并设置相应的护栏、防护网等安全防护措施。平台搭设完成后项目部应组织专项验收，合格后方可投入使用。

③ 现场吊装作业严格按照设备运输吊装方案执行，选用合理的吊具。钢丝绳与设备外壁接触部位，必须设置隔离保护措施。

④ 吊装落物半径范围内严禁有人员停留。为确保现场通信畅通、操作准确，现场必须设置信号指挥人员，并配备对讲机。

2.2.5 设备就位安装

说明：

① 设备人力搬运前，应保证现场照明充足，确保推运道路顺畅。

② 设备水平移送时宜选用叉车作业，四周安排人员将设备扶稳，统一指挥，协同配合，防止拉运过程中设备发生倾覆。

③ 在操作千斤顶时，需同时将设备四角顶起，严禁一边过高导致设备倾覆。

④ 使用手扳葫芦或自制门型架吊运 1 t 以上电气设备前，应编制专项施工方案，经验算合格，审核、审批通过并交底后方可实施。

⑤ 设备安装时，严禁将手脚伸入待安装设备下方，避免挤伤手脚，并留意脚下设备预留孔洞，防止踏空导致人身伤亡事故。

2.2.6　线缆敷设与电缆头制作

说明：

① 在电缆夹层中进行电缆敷设时，必须设置安全照明设施，并在现场孔洞、临边、洞口等位置设置安全防护措施和警示装置。

② 对通风不良的夹层要采取通风换气措施，并在入口处设置专职防护人员。

③ 当需要进入已经送电的变电所夹层内进行电缆敷设时，必须办理变电所作业票，并经验电接地后方可进场施工。作业时必须在作业票批复区域内作业，严禁跨越送电间隙。

④ 电缆敷设过程中应在地面、转角等位置设置滑轮，并在电缆与支架、墙角等接触位置设置防护胶皮，防止损伤电缆。

⑤ 电缆头制作现场需要使用明火时，应办理动火作业票。

2.2.7 电气设备实验、测试

说明：

① 变电所电气设备实验、测试前应由电气工程技术人员编制电气设备实验、调试方案，履行审核、审批手续，并组织方案学习和交底。

② 电气设备实验、调试人员应经过专业技术培训，掌握电气设备实验、调试安全技术规程。

③ 实验、测试时应设专人指挥、专人防护，施工区域应设置隔离防护区域，无关人员禁止进入。

④ 电气设备实验、调试结束后，应及时将变电所设备恢复至待送电状态，保证变电所设备安全。

2.2.8　设备送电作业

说明：

① 送电作业前应对送电线路及设备进行检查、测试，必须满足送电条件，送电前应编制送电作业专项施工方案，经审批后对作业人员进行交底。

② 送电前应在送电区域各个人员出入口显眼位置张贴送电告示，告知送电区域、时间、安全注意事项等，各出入口必须可靠封闭，并在主要出入口安排专人值守。送电前应对送电区域设置隔离，非送电人员严禁入内。

③ 送电时应统一指挥，必须对所执行的操作指令复述一遍，确认无误后方可执行操作，并设 1 人操作、1 人监护，操作人员必须穿绝缘鞋，带绝缘手套，否则不准上岗。

④ 首次送电完成后，施工单位应按照送电方案要求落实安全防护措施，落实送电区域设备、线缆的巡查管理工作。

2.2.9　变电所临管

说明：

① 变电所临时管理期间，应设置 24 h 值班人员，值班人员应经过专业培训，掌握电气设备维护、管理、应急处置等技能。

② 值班人员应定时对所内电气设备进行巡视、检查，并对仪器、仪表数据进行记录，发现异常情况应立即向项目部主管人员报告，并采取必要的应急处置措施。

③ 变电所值班人员必须对进出变电所的人员、机具等进行如实登记，如果需要现场施工，必须持有效作业票登记，并监督落实各项安全措施，做到工完料尽场地清。

④ 如果需要停电作业，必须按规程操作，并进行验电接地，施工结束后应对现场进行仔细检查，拆除地线后，方可重新送电。

2.3　疏散平台安全技术要点

说明：

① 轨行区作业参照轨行区安全防护要点落实安全防护措施。

② 施工现场严禁使用 I 类电动工具，钻孔作业时要戴好护目镜、口罩或防尘面罩。现场使用时双手必须握紧电钻，防止钻头卡滞扭伤手腕或电钻掉落伤人。

③ 使用轨行车辆撒放材料作业时，司机应仔细检查车辆和行车安全设备，确保状态良好，并配备对讲机，确保联络畅通。作业人员与司机之间的信息传递应及时、准确、清楚、呼唤应答。

④ 钢梁及平台板现场卸料时应注意对环网电缆等成品及半成品的保护。材料存放严禁侵入轨行区限界，确保轨行区行车安全。

⑤ 疏散平台在钢梁上安装时，严禁将手伸入疏散平台板与钢梁接触面的下方，避免砸伤或挤伤。

2.4 弱电系统安装安全技术要点

2.4.1 钢管墙面预埋、安装

说明：

① 施工前，作业人员应穿戴好安全帽、护目镜、防尘口罩、绝缘手套、绝缘鞋等相关防护用品，高处作业必须系挂安全带，安全带高挂低用。

② 移动式电动工具、手持式电动工具必须使用三级开关箱，作业前必须对三级开关箱及电动工具进行检查，确认安全可靠后方准作业，严禁 1 台开关接 2 台及 2 台以上电动设备。

③ 手持式电动工具在使用中不得任意调换电源插头，更不能不用电源插头而将导线直接插入电源插座内。

④ 使用角磨机和石材切割机时严禁佩戴手套，通电前应做好保护接地或保护接零。当电动工具不用或需调换工作头时，应及时关掉开关、拔下电源插头。

2.4.2　桥支架安装

说明：

① 移动脚手架搭建完毕后必须检查确认连接处牢固可靠、焊点无脱焊和裂纹，踏板铺设严实、稳固，支持结构齐全、牢靠，并在检查合格后悬挂脚手架安全验收牌。

② 现场禁止抛掷机具，机具必须用工具包传递。施工前应穿戴好安全帽、护目镜、防尘口罩、绝缘鞋等防护用品。脚手架超过 2 m 时必须系安全带，安全带高挂抵用。

③ 电动工具必须使用三级开关箱，作业前必须对三级开关箱及电动工具进行检查，确认安全可靠后方可使用，严禁 1 个开关接 2 台及 2 台以上用电设备。

④ 施工区域及落物半径范围外，应设置临时安全防护隔离措施，禁止其他单位、班组人员进入，防止桥支架、工机具坠落伤人。

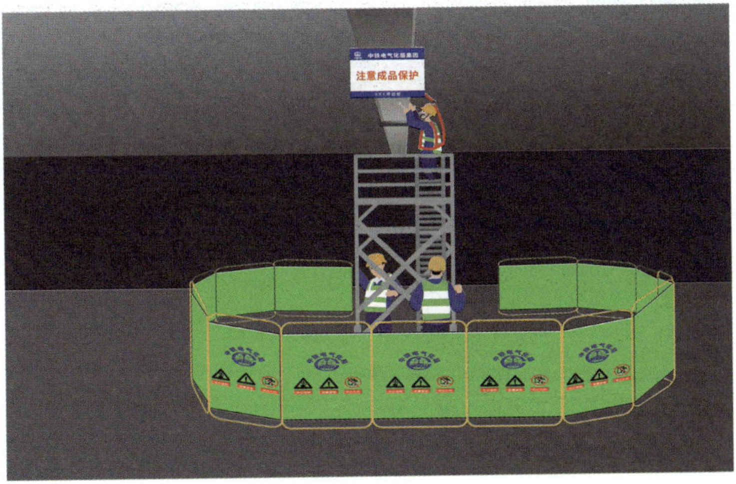

2.4.3 区间支架安装

说明：

① 轨行区作业参照轨行区安全防护要点落实安全防护措施，有车辆通过时及时通知作业人员进行避让。

② 使用电动工具要必须配备三级开关箱，电动机具和线缆必须进行检查，保证绝缘良好，作业人员应穿绝缘鞋、戴绝缘手套。

③ 钻孔时要戴好防护眼镜，工作地点下方不得站人，做好防止工机具坠落的措施，且工机具必须装入专用工机具袋内，防止工机具坠落伤人。

④ 现场使用梯子作业时，与地面角度控制在 65° ~ 75°，梯子底部应采取防滑措施，并安排专人扶梯。

⑤ 高空作业中所用的物料均应平稳堆放，工具应随手放入工具袋，不得上下抛掷工机具、材料等。

2.4.4　区间光、电缆敷设

说明：

① 支放线盘时，转轴上应抹适量润滑油脂，但敷设过程中不得用手直接补充油脂，防止挤伤。

② 线缆吊装上平板车后要加固线盘，用铁线（或紧线器）对角拉线在平板上固定，同时用楔形木塞住线盘。

③ 使用轨道车放线作业时，施工负责人与司机使用对讲机进行通信、联络，做好呼唤应答。放线车上顶人员必须系好安全带，行车时作业人员禁止随意上下车，禁止嬉戏打闹。

④ 使用小平车在轨行区敷设光缆时，小平车刹车制动装置必须灵敏可靠，有车辆通过时及时进行避让，小平车使用完成后及时撤离轨行区。作业过程中注意避让站台或轨行区内的预留孔洞，防止跌落或扭伤。

⑤ 线缆敷设后应绑扎固定牢靠，严禁超过轨行区安全限界。

2.4.5　区间终端安装

说明：

① 工作人员必须身穿荧光防护服，钻孔时要戴好防护眼镜，工作地点下方不得站人。

② 高空作业必须正确系挂安全带，高挂低用，系挂牢固。高空作业中所用的物料，均应平稳堆放，工具应随手放入工具袋，不得向下抛掷物件。

③ 打磨、切割等特殊作业时必须正确佩戴防护眼镜等安全防护用品，在操作旋转机械时严禁戴线手套。

④ 进入带电区域施工，所有设备和电缆均视为带电，必须与带电体保持安全距离，如需靠近带电体作业，必须停电、验电、接地后方准作业。施工人员只能在作业令允许的范围内施工，不得到超出作业令范围的地点活动。

2.4.6　车站线缆敷设

说明：

① 进场施工前对现场情况进行检查，对“四口”“五临边”做好安全防护，放线架必须放置平稳，调节平衡，侧面操作。

② 在已铺装完成的地面上放置重型线缆盘、放线架时，应采取可靠的防碾压保护措施，在电缆盘两边设置可靠的防滚落措施。

③ 根据施工环境配备充足安全的安全照明设施，保证现场照明充足，使用行灯照明时应使用安全电压。

④ 电缆竖井内进行电缆敷设作业时，上部作业人员及临边洞口作业人员必须规范系挂安全带。高空作业中所用的物料，应平稳堆放，工具应随手放入工具袋，不得上、下抛掷机具、材料。

⑤ 线缆敷设完成后应进行绑扎固定，现场应对接头进行防潮、防水处理。

2.4.7 车站机柜安装

说明：

① 设备安装前，所有施工人员均应经过安全培训和技术培训，掌握相应的安全技术知识、安全操作技能。

② 施工用三级开关箱和电动工具在使用前须严格检查，并经试运行合格后方可投入使用。

③ 现场施工人员，应戴安全帽、穿工作服和绝缘劳保鞋作业。

④ 设备人工搬运、就位时，应统一指挥，协调一致，并采取必要的保护措施，防止出现人员受伤和设备损坏。设备安装就位时手脚严禁伸入设备下方和两设备柜体之间，防止挤伤。

⑤ 设备就位后，应及时固定安装牢靠，并落实成品保护措施。

2.4.8　车站终端安装

说明：

① 现场使用人字梯、单梯、移动脚手架时必须有专人防护，交叉作业现场应设置临时安全围挡，临边、洞口及高度超过 2 m 时，必须规范使用安全带。

② 使用电动工具必须使用三级开关箱，所有电动机具和线缆必须进行检查，保证绝缘良好，钻孔时应戴好防护目镜和防尘口罩或采取其他防尘措施，安装作业下方不得站人。高空作业中所用的物料，均应平稳堆放，工具应放入工具袋，不得向下抛掷物件。

③ 设备存放或搬运不得倒置，搬运过程中要配备足够劳动力，轻拿轻放，严禁以挪、磨方式移动设备，长途运输时须有专人押送。

④ 终端设备吊杆固定螺栓应全部安装、牢固可靠，保证吊杆不晃动，各类终端设备固定要牢固，严防松动、脱落。

2.4.9　机柜配线

说明：

① 在机柜内进行配线作业时禁止带电作业，如难以避免时，必须采取可靠的防护措施，穿戴好绝缘防护用品，并安排专人监护。

② 进行设备配线作业时，佩戴好手套，按照规范正确使用打线卡刀，防止割伤。

③ 使用电烙铁、电吹风及明火作业时，应采取个体防护措施，防止烧、烫伤。动火作业落实消防安全措施。

④ 2m以上高处作业必须正确系挂安全带。安全带应高挂低用。

⑤ 线缆成端完成，应在电缆头上套好防尘盖，防止灰尘进入。

⑥ 每天工作完毕离开现场前，必须清理机房，切断施工电源，检查设备房间门窗及门锁是否完好，锁好门窗、确认安全后才能离开。

2.4.10　蓄电池安装

说明：

① 蓄电池在出厂前已充好电，搬运、安装及维护时，应特别注意防止短路，避免电击。

② 安装高电压系统蓄电池时，必须使用绝缘工具，并穿戴绝缘手套、绝缘鞋。

③ 在安装连接时使用绝缘工具，安装或者搬运电池时应佩戴绝缘手套、围裙和防护眼镜。电池在安装搬运过程中，只能使用吊带，不能使用钢丝绳等。

④ 要避免电池正负极柱的短路，不同容量、不同性能的蓄电池不能互相使用，安装末端连接件和导通电池系统前，应认真检查电池系统的电压和正负极，确保安装正确。

⑤ 电池架金属架子要按照要求进行安全接地。

2.5 站台门安装安全技术要点

2.5.1 屏蔽门底座、立柱等安装

说明：

① 作业人员进场前持有效轨行区作业令登记进场，设置轨行区安全防护，作业区域前后方 100 m 处设置轨行区安全防护警示装置和专职安全防护人员。

② 搬运安装屏蔽门底座或立柱时，应统一指挥，协调一致，注意避让车站预留孔洞，防止人员跌落或砸伤、挤伤。

③ 临时用电应符合“一机一闸一漏一箱”的安全配电要求，电动工机具应经试运行合格后方可使用。

④ 登高钻孔作业人员应正确使用安全带，脚手架下部设防护人员。

⑤ 工机具、材料放置于工具包内，人员离开前对现场工机具、材料进行清理，防止遗留在轨行区内，防止侵限伤及轨行车辆。

2.5.2　屏蔽门搬运及安装

说明：

① 进场施工前对现场情况进行检查，检查运输通道是否畅通。

② 根据施工环境配备充足安全的照明设施，保证现场照度要求。

③ 搬运人员不得疲劳作业，搬运时保持正面行走、步调一致、轻起轻放。

④ 安装时由 4 人掌扶就位，两人紧固螺丝，经确认固定牢固后方可松手。

⑤ 轨行区安装作业区域按照轨行区安全防护要求在两端设置安全警示装置和安全防护人员。

2.6 电扶梯安装安全技术要点

2.6.1 电扶梯运输及吊装

说明：

① 根据施工现场实际情况编制运输方案，将扶梯捆绑牢固，按照规定路径安全运送至施工现场。

② 根据现场环境编制专项施工方案，报公司和监理单位进行审批，并对作业人员进行交底，施工过程中严格按照方案进行作业。吊装作业设置安全防护区域，设置专职安全防护人员，非施工作业人员不得进入施工作业区域。

③ 施工现场使用吊车需根据施工方案进行备案，吊车选用合格规范器械，吊车司机、信号工等人员须具备相应操作资格证书。

④ 吊车摆放须由专职安全员等验收合格，方可进行施工作业。

⑤ 施工作业中须有盯岗干部及专职安全员等进行全程盯控，确保施工作业安全。

2.6.2 电扶梯就位、安装

说明：

① 电扶梯就位安装前，施工单位应结合现场环境，制订专项施工方案，科学、合理选择吊具、吊点、工艺工法，制定安全技术措施。

② 施工作业前，作业人员必须对现场预埋吊环的牢固性、可靠性进行检查和确认，对存在隐患的预埋吊环，应采取加固或其他补救措施。

③ 现场使用的电动葫芦、卷扬机等设备，必须经安全检测合格，并经现场检查和试运行正常后方可使用，现场严禁超负荷作业。

④ 电扶梯就位、安装施工区域外围设置安全隔离防护装置，非本专业人员不得进入施工区域，任何人不得在就位安装区域下方停留。

⑤ 安装作业人员必须持电梯（特种设备）安装资格证，穿戴合格规范安全防护用品。施工区域保证充足施工照明。

2.6.3　垂梯安装

说明：

① 电梯安装作业前，所有层门预留孔必须设有高度不小于 1.2 m 的安全围挡，保护围挡下部应有高度不小于 0.18 m 的踢脚板。

② 当相邻两层门地坎间的距离大于 10 m 时，其间必须设置井道安全门，井道安全门严禁向井道内开启，且必须安装保障电梯安全运行的电气安全装置。

③ 井道内应设置永久性电气照明，照明电压宜采用 36V 安全电压。

④ 垂梯安装过程中，层门口应设置安全围挡和专职防护人员，防止人员、机具、材料坠落伤人。

⑤ 作业人员进行钢结构安装时，高处作业必须正确佩带安全带，脚手架搭设牢固，经验收合格后方可施工作业。

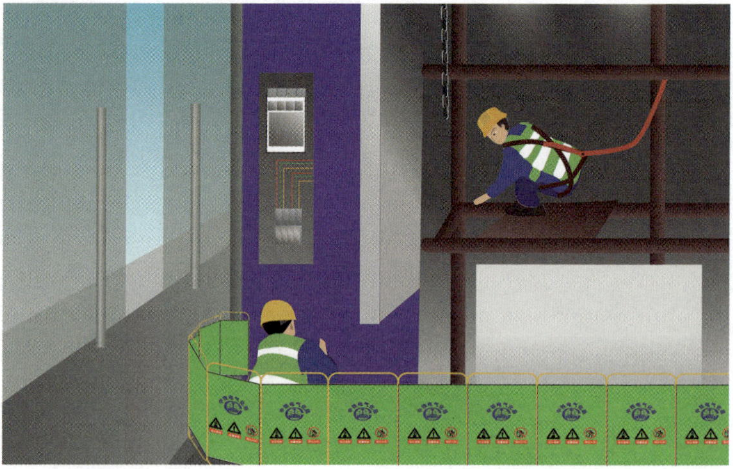

2.6.4　设备调试

说明：

① 调试过程中扶梯上下端头处设置可靠安全防护设施，调试过程中任何无关人员不得进入扶梯运转区域。

② 每组调试人员须保持呼应，调试过程中如果发生突发情况，必须立即采取紧急制动措施。

③ 调试结束或暂停后，必须及时断开扶梯电源，并将楼层板恢复到初始封闭状态。

④ 调试作业人员正确穿戴个人防护用品，施工作业中遵守安全操作规程，杜绝违章违纪现象发生。

2.7　常规机电系统安装安全技术要点

2.7.1　消防、给排水管道安装

说明：

① 作业使用滚槽机、切管机、电锤等工机具时，必须经过进场前、作业前的验收、空载运行并确保处于正常使用状态方可投入使用。

② 在潮湿的工作场所使用手持电动工具作业，作业人员应站在绝缘板上或穿戴绝缘鞋、绝缘手套进行操作。

③ 支吊架、管道安装施工区域外围应设置临时安全隔离措施和专职防护人员，防止管道、管件、工机具坠落伤人。

④ 大、重型管道安装过程中必须采用可靠的提升和临时固定措施，同班组人员应加强配合，严防管道滚落、挤压导致人身伤害事故的发生。

⑤ 不得在照明光线不足、恶劣天气、作业场所孔洞未进行防护或防护的强度达不到要求的环境下进行作业。

2.7.2　电力桥架安装

说明：

① 电力桥架、支吊架切割、钻孔等加工作业过程中，应落实个体防护、消防、高处作业、临时用电安全技术措施。

② 高处作业必须在固定的悬挂点上系好安全带，并保证安全带高挂低用，使用人字梯时必须有专人扶梯。

③ 施工现场电动工机具宜使用Ⅱ类电动工机具，并符合“一机一箱一闸一漏”临时用电安全要求。

④ 支吊架及桥架安装作业过程中应在施工区域外围设置临时安全隔离措施，以防工机具、材料坠落伤人。

⑤ 超过 800 mm 的电力桥架安装过程中，应选用安全可靠的提升机具和临时固定措施，严防桥架发生坠落。

2.7.3 通风管道安装

说明：

① 进入施工现场前，作业人员应该先检查施工现场及其周围环境是否达到安全要求，安全设施是否完好，消除安全隐患后再进行施工。

② 作业时应规范穿戴好个人安全劳动防护用品，金属通风管道现场加工、制作过程中注意采取必要的听力保护措施。

③ 施工现场风管、材料及废料应分类堆码，预留出人员通行和施工通道，且堆码高度不宜过高，并采取必要的固定措施，防止滚落、倒塌伤人。

④ 大型风管搬运应合理选择运输路径，现场统一指挥，协调一致，防止挤压伤人，并注意避让预留孔洞，防止人员跌落。

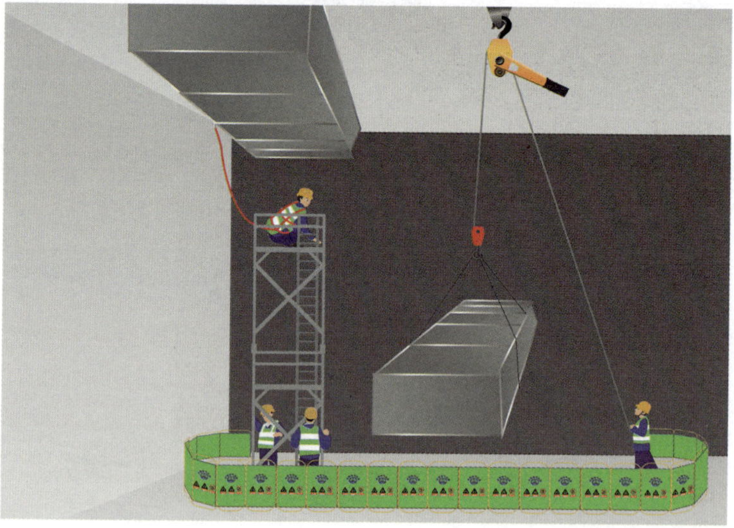

⑤ 移动脚手架、作业平台应搭设、固定牢靠，上部作业人员应规范使用安全带作业。

⑥ 风管垂直提升作业前应选用安全、可靠的吊具，落物区域外应设置临时安全隔离措施，严禁无关人员在该区域内停留。

⑦ 起吊前，作业人员应检查风管内及上表面有无重物，以防起吊时坠落伤人。风管提升前应进行试吊，试吊高度不大于 100 mm，现场对吊具、固定、平衡情况进行检查，确认安全后继续进行起吊作业。起吊时，被吊风管下方及风管上严禁人员停留。

⑧ 使用梯子作业时不得两人同时在一个梯子上工作。使用“人字梯”时，必须将两梯间的安全挂钩拴牢。

⑨ 高空作业使用的工具应放在随身携带的工具袋中，不便入袋的工具应放在稳当的地方，严禁上下抛掷，必要时可用绳索绑扎牢后传递。

⑩ 楼板洞口安装风管时，必须将洞口周围清理干净，严禁向下抛掷物料，操作完毕应将预留洞口安全防护盖板及时恢复，盖严盖牢。

2.7.4 风机、风阀等设备安装

说明：

① 风机、风阀等设备在站内及区间内搬运前应首先选择好路线，并对沿途道路进行平整、清理，转运过程中应加强班组人员间的配合，统一指挥，步调一致，防止挤、压、砸伤类事故的发生。

② 设备垂直提升前，必须对吊具、吊点、吊环等关键部位进行安全性能检查，确认安全后方可开始作业，施工现场首先应进行试吊，试吊高度不大于 100 mm，吊物下方严禁站人和通过。

③ 设备安装作业现场应设置临时防护隔离措施，严禁无关人员进入施工区域。

④ 施工现场使用手扳葫芦进行风机提升作业时，参照第一篇通用机具手扳葫芦安全技术要点的要求执行。

⑤ 施工现场应搭设稳固的作业平台，作业平台上部作业人员必须规范使用安全带。

2.7.5　水泵及管道安装

说明：

① 集水坑、污水井、消防泵房等受限空间作业现场，应参照特殊作业环境受限空间作业安全技术要点，落实通风、检测、监护等安全技术、管理措施。

② 进入积水、狭窄环境下作业，动力、照明用电宜使用安全电压，作业人员应穿绝缘鞋、带绝缘手套使用Ⅱ、Ⅲ类电气设备。

③ 集水坑、污水井、消防泵房等作业环境内应尽量减少现场焊接作业数量，当不可避免时，应加强通风、换气，并采取轮换作业方式以降低事故风险。

④ 水泵、管道搬运安装过程中应统一指挥、协调一致，防止砸伤和挤伤。

⑤ 集水坑、污水井等防护盖板、井盖打开后，应采取临时安全防护、警示措施，施工结束或暂停后必须对盖板、井盖进行恢复。

2.8 综合接地安装安全技术要点

2.8.1 钻孔作业

说明：

① 钻孔机就位后检查钻孔机是否摆放平稳，遇松散土质时钻机底部加木方垫实。

② 检查配电箱接线是否正常，配电线缆不得有破损，并应架空敷设，不得将配电箱、电源线放在积水和人员、车辆频繁经过的区域使用。

③ 钻孔前应进行试钻，无异常方可进行钻孔，钻孔时，应缓缓加压。

④ 钻进过程中应检查供水量是否正常，电动机应采取防水措施。

⑤ 加钻杆时，卡好下部钻杆，避免下部钻杆掉落到孔中。

2.8.2　接地体放热焊作业

说明：

① 焊接作业前，应对作业现场的可燃物进行清理。对于作业现场及其附近无法移走的可燃物，应采用不燃材料覆盖或隔离。

② 放热焊前，应使用瓦斯喷灯烘干被焊接件和熔模，使其尽可能地不含水分。

③ 操作人员应佩戴护目镜和具有隔热功能的防护手套。

④ 焊接前在焊接石墨模具内倒入焊剂时，引燃火药只能放置在焊剂表面，严禁引燃火药和焊剂混合，以防混合爆炸。

⑤ 点火时要注意，不要将模具盖开口方向对着有人员的方向。

⑥ 焊接反应后被接熔接物与模具温度很高，严禁直接用手触摸被接熔接物与模具，防止烫伤。

2.8.3 降阻剂敷设

说明：

① 和降阻剂时，戴好防尘口罩，防止降阻剂粉末吸入。
② 降阻剂敷设时戴好胶质手套，防止肌肤被腐蚀。
③ 降阻剂外包装应集中堆放，集中处理，禁止随意丢弃。

2.8.4　沟槽回填

说明：

① 沟槽回填作业区域应做好临时防护隔离措施，设置安全警示牌。

② 机械回填作业旋转半径内不得站人，并保持足够的安全距离。

③ 人工回填作业时，作业人员水平间距不得小于 2 m，前后间距不得小于 4 m。

④ 占道施工作业时，参照占道施工安全技术要点设置安全防护措施。

⑤ 夜间宜在未完成回填的沟槽区域增设临时照明设施，或设置安全警示灯、警示标志。

2.9 检修通道安装安全技术要点

2.9.1 脚手架搭设与攀爬作业

说明：

① 扣件式钢管脚手架搭设应编制专项施工方案，结构设计应进行计算，并按照规定进行审核、批准后方可组织实施。

② 扣件式钢管脚手架搭设人员必须持有特种作业证上岗作业。

③ 立杆基础应按方案要求平整、硬化处理，并设置垫板、底座。

④ 脚手架横向水平杆、纵向水平杆、立杆、扫地杆、剪刀撑间距、连接固定方式等应符合《建筑施工扣件式钢管脚手架安全技术规范》（JGJ 130）的规定，经验收合格后方准投入使用。使用前在架体上悬挂验收合格标志和安全警示标志。

⑤ 人员上下脚手面朝脚手架，背靠墩柱。现场使用双钩安全带“一步一格，一格一挂”。

2.9.2　数据测量

说明：

① 现场作业人员应规范佩戴安全帽，系挂双钩安全带，穿着防滑鞋进行数据测量作业。

② 道路上方作业时，应参照占道施工安全技术要点设置占道施工防护措施，测量工具应系挂安全小绳，严防工机具掉落伤及下方行人或车辆。

③ 数据测量作业人员攀爬至墩柱顶部后，首先将自制工字型钢管插入墩柱孔内，并旋转固定牢靠。

④ 现场将双钩安全带系挂在固定牢靠的工字型钢管上，工机具必须使用工具包、绳索上下传递，严禁抛掷。

2.9.3 横梁安装

说明：

① 横梁安装前，施工单位工程技术人员应根据横梁重量、规格，结合现场调查编制专项施工方案，合理选择运输、吊装工艺，制定专项安全技术措施，经审核、批准对作业人员交底后严格执行。

② 占道施工现场应参照占道施工安全技术要点办理占道施工手续，设置占道施工防护措施。墩柱上部作业人员，必须将双钩安全带系挂在固定牢靠的自制工字型钢管上。

③ 起重吊装作业现场参照吊装作业安全技术落实相应的安全技术措施。

④ 夜间施工作业，现场应增设临时照明措施，加强个体防护。

2.9.4　T 墩安装

说明：

① T 墩安装作业前应在盖梁两侧各设置两根安全绳，作业人员的双钩安全带分别系挂在两根安全绳上，安全绳随作业区域移动及时调整。

② T 墩钢梁搬运至安装地点全过程应用粗铁线进行绑扎，现场工机具应系挂安全小绳，防止物件掉落伤及下方人员或车辆。

③ 焊接作业人员正确佩戴和使用防护面罩、安全帽、焊接手套等专用安全防护用品。

④ 为防止焊接熔融物飞溅、掉落，现场应采取防护挡板，并配备必要的消防器材。

2.9.5 钢格板、连接件安装

说明：

① 钢格板、连接件安装前预先使用钢格板铺设可靠的临时作业平台，供作业人员安装过程中使用。

② 双钩安全带挂钩应分别固定在相邻的两块钢格板上。

③ 连接件安装需两人搬运就位，一个人进行焊接作业。现场设置防护挡板，防止焊接熔融物飞溅、滴落，如焊接点附近已敷设有电缆，应增加阻燃布进行成品保护。

④ 钢格板安装固定完成后必须及时放下，固定在钢横梁上，以防钢格板剐蹭轨行车辆，或引发高处坠落事故。

2.9.6　栏杆安装

说明：

① 道路上方安装作业前应按照占道施工作业安全技术要点设置占道施工安全防护措施。

② 护栏应由两人搬运就位，并进行掌扶，一人负责焊接作业，一人负责安全监护。

③ 焊接作业前确保下方无易燃易爆物品，并设置防止焊接熔融物飞溅、滴落的防护、隔离措施。

④ 双钩安全带系挂在相邻的两块钢格板上。

⑤ 栏杆焊接应满焊，未满焊固定不得离场。

附录

本书所引用的安全生产法律法规、标准规范

[1]　《中华人民共和国安全生产法》(2014年12月1日)

[2]　《中华人民共和国建筑法》(2011年7月1日)

[3]　《中华人民共和国消防法》(2009年5月1日)

[4]　《中华人民共和国道路交通安全法》(2011年5月1日)

[5]　《中华人民共和国职业病防治法》(2017年11月5日)

[6]　《建设工程安全生产管理条列》(国务院令第393号，2004年2月1日)

[7]　《危险化学品安全管理条例》(国务院令第645号，2013年12月7日)

[8]　《特种设备安全监察条例》(国务院令第549号，2009年5月1日)

[9]　《生产安全事故报告和调查处理条例》(国务院令第493号，2007年6月1日)

[10]　《危险性较大的分部分项工程安全管理规定》(建质〔2018〕37号，2018年6月1日)

[11]　《城市轨道交通工程安全质量检查指南》(建质〔2016〕173号，2016年08月15日)

[12]　《建筑施工企业安全生产管理机构设置及专职安全生产管理人员配备办法》(建质〔2008〕91号，2008年5月13日)

[13]　《企业安全生产费用提取和使用管理办法》(财企〔2012〕14号，2012年2月14日)

[14]　《生产安全事故应急预案管理办法》(国宝安全生产监督管理总局令第88号，2016年7月1日)

[15]　《生产经营单位安全培训规定》(国家安全生产监督管理总局令第80号，2015年7月1日)

[16]　《特种设备作业人员监督管理办法》(国家质量监督检验检疫总局令第140号，2011年7月1日)

[17]　《安全帽》(GB 2811—2007)

[18]　《安全网》(GB 5725—2009)

[19] 《安全带》（GB 6095—2009）

[20] 《安全标志及其使用导则》（GB 2894—2008）

[21] 《建设工程施工现场消防安全技术规范》（GB 50720—2011）

[22] 《建筑施工现场环境与卫生标准》（JGJ 46—2004）

[23] 《建筑工程施工现场标志设置技术规程》（JGJ 348—2014）

[24] 《施工现场临时用电安全技术标准》（JGJ 46—2016）

[25] 《建筑施工安全检查标准》（JGJ 59—2011）

[26] 《建筑施工高处作业安全技术规范》（JGJ 80—2016）

[27] 《施工现场机械设备检查技术规程》（JGJ 60—2008）

[28] 《建筑机械使用安全技术规程》（JGJ 33—2012）

[29] 《建筑施工土石方工程安全技术规范》（JGJ 180—2009）

[30] 《建筑施工工具式脚手架安全技术规范》（JGJ 202—2010）

[31] 《汽车起重机和轮胎起重机技术要求》（JB/T 9738—2000）

[32] 《起重机械安全规程　第一部分：总则》（GB 6067.1—2010）

[33] 《铁路工程基本作业施工安全技术规程》（TB 10301—2009）

[34] 《铁路、通信、信号、电力、电力牵引供电施工安全技术规程》（TB 10306—2009）

[35] 《城市轨道交通设备系统施工安全技术规程》（2012）